AF231368

Storytelling minute

170 histoires prêtes à l'emploi pour animer vos interventions

Groupe Eyrolles

61, bd Saint-Germain

75240 Paris Cedex 05

www.editions-eyrolles.com

Chez le même éditeur :

Yaël Gabison, *Boostez vos présentations avec le storytelling*

Le code de la propriété intellectuelle du 1er juillet 1992 interdit en effet expressément la photocopie à usage collectif sans autorisation des ayants droit. Or, cette pratique s'est généralisée, notamment dans l'enseignement, provoquant une baisse brutale des achats de livres, au point que la possibilité même pour les auteurs de créer des œuvres nouvelles et de les faire éditer correctement est aujourd'hui menacée.

En application de la loi du 11 mars 1957, il est interdit de reproduire intégralement ou partiellement le présent ouvrage, sur quelque support que ce soit, sans autorisation de l'éditeur ou du Centre français d'exploitation du droit de copie, 20, rue des Grands-Augustins, 75006 Paris.

© Groupe Eyrolles, 2014

ISBN : 978-2-212-55816-6

Stéphane Dangel

Storytelling minute

170 histoires prêtes à l'emploi pour animer vos interventions

EYROLLES

Sommaire

PARTIE I – UTILISER LE STORYTELLING POUR COMMUNIQUER PLUS EFFICACEMENT

PARTIE II – 170 HISTOIRES INSPIRANTES
PRÊTES À L'EMPLOI

Introduction

Littéralement, « storytelling » peut se traduire par « raconter une histoire ». *So what ?*

Une histoire, qu'est-ce que c'est, au fond ?

Une chaîne d'événements, des expériences vécues, réellement ou fictives… Pour faire court, voilà ce qu'est une histoire. Peu importe d'ailleurs que les histoires soient vraies ou fausses : réalité ou fiction… tant qu'elles sont authentiques. Si l'histoire n'est pas vraie, au moins doit-elle être véridique.

Et de quoi se composent ces fameuses « expériences vécues » ? Une histoire se compose de faits, parce qu'avec les faits, on peut convaincre. Mais cela ne suffit pas. Sinon, on se trouverait dans une simple communication, classique. Une argumentation. Rien de plus efficace : il n'y aurait pas de quoi justifier tout ce battage autour du storytelling, et encore moins ce livre. Pour qu'on en parle autant, de ce storytelling, dans les médias, sur le Web, partout : il doit y avoir quelque chose d'autre…

Oui, car l'entreprise d'aujourd'hui a besoin de plus que simplement convaincre. Elle a besoin d'action : c'est même la seule chose qui compte. Et s'il y a un vecteur d'action particulièrement puissant, c'est bien l'émotion. L'autre composant essentiel d'une histoire est donc l'émotion. L'émotion ? Oui, comme dans un film

© Groupe Eyrolles

à suspense au cinéma : dans ces passages où l'on se cramponne aux accoudoirs de son fauteuil…

> Formulé comme une équation : histoire = récit x (faits + émotion)
> Et storytelling = conviction + action

C'est cette association qui fait la grande force (et la supériorité) du storytelling, pour véhiculer toutes sortes de messages de l'entreprise : RH, managériaux, animation d'équipes, relation clients ou fournisseurs…

Cerveau droit, cerveau gauche : votre communication joue et touche sur les deux tableaux. Et c'est bien la seule technique de communication qui le permette !

Prenons un exemple. Tout le monde connaît les sushis. C'est du poisson, froid, japonais… Tout est exact dans cette description. Elle est constituée de faits… pas très appétissants en réalité. Par contre, si l'on présente l'expérience quasi sensuelle que représente la dégustation de sushis, en lien avec la culture japonaise, là, on se place dans le registre de l'émotion. Et de là à passer à l'action, pousser la porte d'un restaurant japonais et vivre soi-même cette expérience… il n'y a qu'un pas ! Une connexion s'est établie.

Une révolution, pas une innovation

Cette puissance du storytelling est connue depuis des siècles : *« Les histoires sont la monnaie d'échange des rapports humains, et il en a toujours été ainsi*[1]. » La phrase est d'un expert : Robert McKee,

© Groupe Eyrolles

---

1. Robert McKee, *Story*, Methuen Publishing, 1999.

le « professeur » des scénaristes d'Hollywood – expert en story-telling s'il en est !

Ceci expliquant cela : nous sommes naturellement réceptifs au storytelling, nous sommes des *storytellers*-nés !

Alors, pourquoi parle-t-on, maintenant, autant du storytelling, comme s'il s'agissait d'une grande découverte ? Ce n'en est pas une : c'est juste que nous avons oublié comment faire pour utiliser ce talent. Pendant des décennies, « on » a voulu nous couper de notre fibre naturelle. Et « on » a réussi : la rationalité a été érigée en recette unique et infaillible. Il n'y aurait rien eu de problématique dans tout cela… si le succès avait été au rendez-vous. Mais ça n'a pas été le cas. Et l'un des symboles les plus « spectaculaires » de cet échec est… le PowerPoint. Du moins : le PowerPoint standardisé, présenté comme le modèle à suivre avec ses listes à puces, ses tonnes de texte, son vilain côté copier-coller des paroles de l'orateur… entre autres inefficacités. Un tel outil de communication n'a jamais amené qui que ce soit à agir. Or, faut-il le rappeler : le seul objectif valable dans une entreprise ne peut être que l'action.

Très bien. Mais cela ne nous dit pas comment une histoire se construit et comment on trouve des histoires.

Côté construction, c'est plutôt simple. Dans une histoire standard, on trouve une situation initiale (un contexte : la scène est située dans l'espace et le temps), un problème/enjeu à résoudre (sans problème, pas d'histoire), des actions pour y répondre, accomplies par des personnages, et, pour finir, une résolution (toute bonne histoire a une fin).

C'est aussi un rythme : une histoire n'est jamais un encéphalogramme plat… Il y a des rebondissements, des obstacles, des défis assortis de réponses apportées par les personnages de l'histoire sous forme d'actions…

Trouver des histoires n'est pas facile

Autant la structure des histoires est simple, autant trouver des histoires peut devenir plus compliqué. Ce n'est même pas un paradoxe. Notre vie, aussi riche soit-elle, est tout de même limitée : nous n'avons pas pu vivre toutes les expériences qui pourraient nous fournir les histoires nécessaires pour communiquer efficacement dans chacune des situations de l'entreprise, même les plus courantes. De la même manière, nous n'avons pas pu être exposés à toutes les expériences vécues par d'autres que nous, ou voir tous les films, lire tous les livres… qui pourraient nous apporter un surplus d'histoires.

Et nous avons encore moins le temps de nous lancer dans une hypothétique quête aux histoires, façon détective.

Pendant ce temps, le destinataire de notre communication, lui, a autre chose à faire qu'à nous attendre !

C'est aussi pour cela que les index de ce livre ont été particulièrement travaillés. L'index des mots-clés répertorie les thèmes susceptibles de vous intéresser, pour vous offrir un choix d'histoires en lien avec vos problématiques d'entreprise. L'index des noms propres, des marques et des entreprises permet de retrouver un passage selon la mémoire (forcément sélective) de chacun. Enfin, la table des histoires citées offre directement un accès aux histoires…

Un livre d'histoires prêtes à l'emploi

Les histoires dont vous avez besoin, ce livre vous les fournit. Pour tous les messages que vous avez à communiquer, pour tous les enjeux que vous pouvez avoir à gérer dans l'entreprise : il y a forcément une histoire appropriée dans ces pages. Vraie ou fictive, peu importe, du moment qu'elle est authentique – souvenez-vous-en.

Utilisez-les telles quelles ou adaptez-les à votre propre style : elles sont là, prêtes à l'emploi, sélectionnées pour vous.

Bien entendu, ce ne sont pas VOS histoires, du moins pas encore, pas pour le moment. Incarnez ces histoires avec conviction lorsque vous les interpréterez, et elles le deviendront. Attention, il ne s'agit pas de tromper votre auditoire, d'essayer de lui faire croire que vous avez vous-même vécu l'une de ces histoires. Veillez à être transparent sur ce point. L'authenticité est au bout.

Et puis, cela n'enlève rien ni au mérite de ces histoires ni au vôtre. Le seul critère valable est le résultat : votre message est-il arrivé à son but ? Autrement dit, êtes-vous arrivé à vous connecter avec votre auditoire ?

Si ces histoires sont courtes, c'est d'ailleurs bien pour vous laisser toute la latitude de les compléter, ou plutôt de les « mettre à votre sauce », comme on dit. Elles contiennent la juste quantité de détails nécessaire à la bonne compréhension (le factuel) et à l'impact (l'émotion) de l'histoire, tout en vous laissant « de la place » pour l'enrichir. Attention : « enrichir » n'est pas synonyme de rallonger à tout prix. Il s'agit simplement d'ajouter des détails parlants, qui racontent quelque chose – pour le message, la cible…

Fictives ou réelles, toujours inspirantes

Vous le verrez, ces histoires sont très diverses. Entre l'histoire de Karaté Kid (p. 155), Le sacrifice de Kennedy (p. 70), La carte de la montagne (p. 160), Le pêcheur et le banquier (p. 127)… Quel est le point commun ? Ce sont des histoires et elles ont une sacrée capacité d'inspiration.

Difficile à première vue, néanmoins, d'imaginer pouvoir utiliser, en entreprise, une histoire baptisée Le manteau de la Lune (p. 108). Pourtant… C'est que tout est question de contexte. Un bon storytelling ne peut être que contextualisé, et chacune de ces histoires peut donc être employée lorsque le contexte de la vie de l'entreprise est approprié. Et pas besoin d'avoir des compétences particulières pour sentir cela : connaître son entreprise devrait être suffisant pour bien identifier le contexte idéal, le bon moment. Cela signifie tout de même que, s'il est tout à fait possible d'utiliser plusieurs fois une même histoire, il faudra à chaque fois l'étudier de près : l'histoire universelle, utilisable pour tous les sujets et en tout lieu, n'existe définitivement pas.

Des histoires centrées sur l'auditeur

Il y a, dans le storytelling, une autre règle fondamentale, à laquelle il est impossible de déroger : le storytelling est centré sur l'auditeur, et non sur l'émetteur. Le storytelling va être au service de votre leadership, mais c'est le leadership de vos idées qui rejaillira sur vous, et non l'inverse. La communication style « effets de manche » appartient à un passé qui a largement prouvé son inefficacité.

Vous vous en souvenez ? Notre objectif est bien d'amener nos interlocuteurs à agir, pas de travailler notre image personnelle !

Par ailleurs, faire en sorte que ces histoires, qui vous sont pour l'instant encore étrangères, deviennent les vôtres n'est, au fond, pas réellement important. Non : il est bien plus crucial que ces histoires deviennent celles de votre auditoire, votre public. Un bon storytelling se résume à une histoire dont l'auditoire se sera emparé, pour la faire sienne, et pour agir, donc. C'est pour cela, aussi, que certaines des histoires de ce livre ne se terminent pas par une morale comme c'est le cas habituellement : les morales implicites, que l'auditoire déduit et formule de lui-même, sont tellement plus puissantes ! Le livre ne déroge à cette règle que pour les histoires un peu complexes.

Toucher l'auditoire ? Ça tombe bien : les histoires répertoriées et indexées dans ce livre ont justement été choisies pour leur capacité à atteindre ce résultat.

Des histoires personnalisables

La plupart de ces histoires, celles qui sont fictives et ne mettent pas en scène des personnages célèbres en tout cas, ne comportent généralement pas de noms des personnages ni d'indications temporelles, ou encore de description de l'environnement... Ces détails ont pourtant leur importance : ils apportent de la consistance et de la crédibilité à l'histoire. C'est à vous de les introduire, en les choisissant de manière qu'ils aient un maximum de sens pour votre auditoire.

De la même façon, n'hésitez pas à modifier des mots, des tournures de phrases, pour que les histoires collent complètement à votre façon de vous exprimer, à votre style. Bref, customisez-les !

Et souvenez-vous : les communautés ne se forment que par le partage d'histoires, pas par des monologues.

© Groupe Eyrolles

Partie I

Utiliser le storytelling pour communiquer plus efficacement

1

Débuter dans le storytelling

Être ou ne pas être... storyable

Raconter des histoires est facile. C'est à la portée de tout le monde. Techniquement oui, mais culturellement ?

Des décennies de rationalité à tous crins ont érigé la communication fondée sur des faits comme un mode d'emploi monolithique. Il s'est cristallisé dans des outils utilisés de manière uniforme, tels que le PowerPoint : inefficace, au point que les Anglo-Saxons parlent de « *death by PowerPoint* » (mort par administration de PowerPoint).

Plus souvent encore, c'est la culture de l'entreprise qui peut faire qu'elle n'est pas forcément prête pour le storytelling, qu'elle n'est pas storyable donc. L'entreprise se prive alors d'une technique capable de rendre palpable la plus abstraite des valeurs (la qualité, l'esprit client...).

Quelques questions pour s'assurer de la storyabilité de son entreprise :

* Que ce soit dans des réunions ou dans le cadre de discussions plus informelles, l'entreprise permet-elle aux expériences négatives, aux échecs de s'exprimer, ou n'y a-t-il de place que pour les *success stories* ?

- La curiosité fait-elle partie de la culture d'entreprise, ou l'exécution des ordres et le contrôle de leur exécution sont-ils la norme ? À noter : les certifications éventuelles de l'entreprise ne sont pas une excuse valable.
- La culture managériale inclut-elle l'apprentissage de leçons tirées d'expériences vécues par des subordonnés ou des partenaires (fournisseurs, clients…) ?
- Si des histoires sont racontées dans l'entreprise, cet usage est-il conscient ou inconscient ?
- Les managers de l'entreprise sont-ils capables de raconter des histoires dont ils ne sont pas forcément le centre d'intérêt ?

Une entreprise qui ne serait pas storyable n'est pas perdue pour autant pour la « science » du storytelling.

Les moyens de développer le storytelling dans l'entreprise :

- introduire progressivement le storytelling dans ses allocutions. Commencer par ce qui est le plus facile, c'est-à-dire utiliser une histoire en introduction et une autre histoire en conclusion, pour rendre concret le message et orienter l'auditoire vers l'action ;
- alterner histoires et éléments factuels dans une allocution. Les faits vont apporter des éléments de preuve, les histoires vont présenter les messages de manière vivante, illustrée, concrète et appeler à l'action.

Efficace, le storytelling ?

Storytelling, storytelling… Oui, mais est-il vraiment plus efficace que les autres techniques de communication ? C'est plutôt l'inefficacité de ces autres techniques qui impose l'exploration d'autres solutions.

Cela dit, des études ont été réalisées, principalement dans le secteur du marketing, mais elles ont également une résonance pour la communication managériale.

Une étude Edelman Berland et Adobe (2012) établit que, pour plus de 70 % des personnes interrogées, une publicité devrait raconter une histoire unique de par son originalité et son sens, et ne pas se contenter de « vouloir vendre ». Et selon une étude IPA DataMINE publiée en 2008, les campagnes publicitaires émotionnelles ont un score d'impact beaucoup plus fort que les campagnes fondées sur les atouts d'un produit. Mieux encore : elles sont plus impactantes en période de crise qu'en période faste.

Quand, d'après une étude Edenred-Ipsos, 71 % des jeunes cadres se disent émotionnellement déconnectés d'avec leur travail, ces résultats prennent tout leur sens : c'est un besoin d'émotion qui émerge.

Confirmation avec cette étude de Harvard : des chercheurs en neurosciences ont proposé des récompenses financières si les « testés » parlaient d'autres personnes plutôt que d'eux-mêmes, sans grand succès. Les personnes ont choisi d'abandonner de 17 à 25 % de leurs gains pour pouvoir parler d'elles, révéler des détails de leur vie personnelle !

Le tout premier travail de storytelling : définir le message de son histoire

Avant de chercher à raconter une histoire, même la meilleure, il faut définir le message qu'elle doit véhiculer. C'est la *storyline*, la ligne directrice narrative. Elle doit tenir en une phrase. Au cinéma, on appelle cela le pitch du film. Ce n'est pas un slogan ou un titre, c'est bien davantage un résumé de l'intrigue.

© Groupe Eyrolles

> La formule de la *storyline* : l'enjeu (le domaine concerné) + le problème rencontré (dans une histoire, il y a toujours un problème à résoudre) + la solution proposée (un problème appelant une solution) + les effets de la solution + l'appel à l'action (le but ultime de l'histoire et de son message est de faire agir)

Pour trouver plus facilement sa *storyline*, se fixer des contraintes est un bon moyen, notamment celle de s'astreindre à décliner la formule de la *storyline* en 6 mots. L'écrivain Ernest Hemingway a un jour écrit ce qu'il a jugé être sa meilleure histoire : « *À vendre chaussures bébé jamais portées*[1]. » Tous les ingrédients d'une histoire sont là.

Par exemple, si le message consiste à présenter ses atouts en tant que manager :

- Plutôt classique : « Composer la musique, mais garder son propre rythme. »

- Ou très imagé : « Le poisson glisse dans les griffes de l'ours. »

- Ou encore : « A levé l'ancre, a navigué, est maintenant de retour à la maison. »

- Et même : « Être le méchant, faire avancer les choses. »

Toutes ces *storylines* sont réelles ; elles sont issues d'un travail avec des managers pour améliorer leur communication.

© Groupe Eyrolles

---

1. Attribué pour la première fois à Hemingway par Peter Miller, *Get Published!*, Shapolsky, 1991.

2

Construire son storytelling

Comment reconnaître une histoire ?

C'est assez simple : elle peut comporter jusqu'à 7 points, les 6 premiers étant impératifs, et le dernier optionnel (mais bien utile).

<table>
<tr><td colspan="1">TITRE :</td></tr>
<tr><td>NOM DU NARRATEUR INITIAL :

NOM DES AUDITEURS :</td></tr>
<tr><td>1. SITUATION
La scène située dans le temps et l'espace.

</td></tr>
<tr><td>2. LIEU
Lieu précis de l'action.

</td></tr>
</table>

<table>
<tr><td>

3. PERSONNAGES
Liste, attributs et rôles dans l'histoire.

</td></tr>
<tr><td>

4. CHALLENGE
Problème ou mission qui déclenche l'action.

</td></tr>
<tr><td>

5. ACTION
Séquence d'événements avant, pendant et après le point de basculement de l'histoire.

Et le point de basculement a été le moment où…

</td></tr>
<tr><td>

6. RÉSOLUTION
Fin, incluant la leçon apprise ou le message.

</td></tr>
<tr><td>

7. IMAGES ET OBJETS
Pour vous aider à vous souvenir ou raconter à nouveau l'histoire.

</td></tr>
</table>

Le spécialiste australien du storytelling Shawn Callahan a, lui, imaginé un test en ligne pour apprendre à discerner des histoires : thestorytest.com.

Les 3 types de storytelling

Trois types de storytelling peuvent être utilisés : le storytelling raconté, le storytelling vécu et le storytelling intégré.

Le premier type de storytelling, raconté, est le grand classique des histoires, notamment publicitaires. Mais ce n'est pas ce genre d'histoire qui est le plus efficace, et donc le plus important. Pour rappel : c'est bien l'histoire que l'on se raconte qui compte le plus.

Le storytelling du deuxième type, le storytelling vécu, peut être illustré par Apple. Impossible de le trouver dans les publicités Apple : il n'y est pas. Il était raconté par Steve Jobs à chacune de ses apparitions, mais c'est parce qu'il était l'archétype de l'Apple-addict : il racontait ce qu'il ressentait, vivait dans sa relation avec la marque, et les fans d'Apple ressentaient, vivaient la même chose.

Le troisième type de storytelling est encore différent. Dans ce cas, le storytelling ne se trouve pas dans la formulation publicitaire d'une histoire, ni même dans le développement d'un univers narratif vécu : c'est le storytelling intégré. Quand l'histoire n'a plus besoin d'être racontée ni même d'être vécue consciemment, elle devient un mythe : c'est le storytelling intégré.

Un moteur : le conflit

Traditionnellement, dans la communication, on cherche à mettre en avant tout ce qu'une situation, un projet… a de positif. Tout est beau, tout est grand, et, bien entendu, ne pas y adhérer relève au mieux du mauvais esprit.

Ce n'est pas le cas du storytelling, qui se nourrit de conflits : d'oppositions entre du positif et du négatif, entre « ce qui est » et « ce qui pourrait être ». Une bonne histoire sera donc aussi une histoire qui saura gérer l'écart, naviguer entre ces deux extrêmes.

Le rythme des histoires

Pour être efficace, une histoire doit avoir une structure qui en fait réellement une histoire, et non une vague copie qui en aurait l'odeur, mais pas la saveur.

Pour être efficiente, elle doit, en plus d'une structure, tenir un rythme.

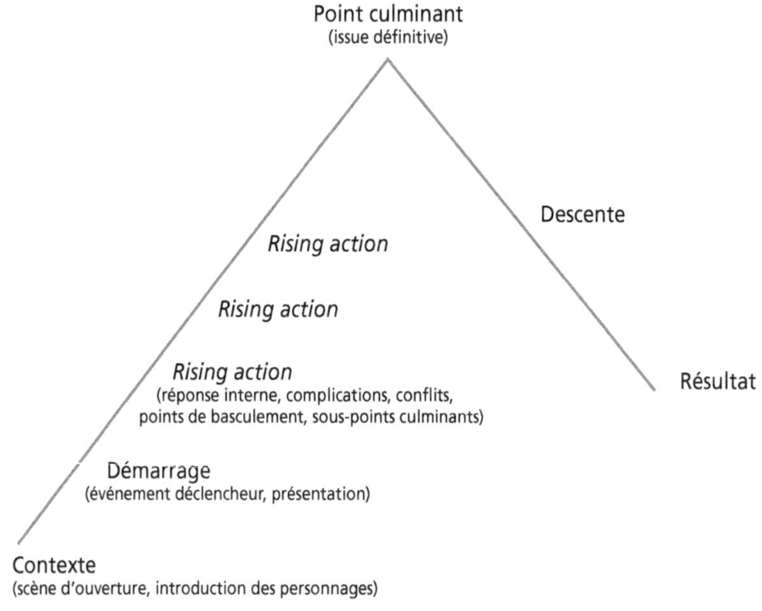

Les *rising actions* sont des complications de l'histoire allant *crescendo* jusqu'à un point culminant, point le plus haut de l'histoire en intensité émotionnelle, à partir duquel le sort de l'histoire (de ses personnages et de l'enjeu qu'ils ont à gérer) est réglé, et la descente vers la résolution de l'histoire s'amorce.

3

Déployer son storytelling

Comment introduire des histoires dans une intervention

Il n'y a pas de recette unique pour commencer à raconter des histoires au cœur d'une allocution. Il y a une bonne part de ressenti, de *feeling*.

Par contre, certains comportements sont absolument à bannir.

Par exemple, il ne faut surtout pas débuter son histoire en disant : « Je vais vous raconter une histoire. » C'est complètement improductif. D'une part, cela tue tout le suspense, et donc l'histoire elle-même. D'autre part, pourquoi annoncer quelque chose de naturel comme s'il s'agissait de quelque chose d'inhabituel, d'étrange, voire de douteux ?

Il est beaucoup plus efficace d'indiquer à l'auditoire que l'idée évoquée est abstraite, très conceptuelle, et qu'il est nécessaire de l'illustrer par une situation concrète. Cet exemple, ce sera l'une des histoires de ce livre, ou l'une de vos propres histoires.

© Groupe Eyrolles

Le bon niveau de détails

Un excès de détails dans une histoire noie le message. Trop peu de détails tue l'histoire.

Si l'on voulait raconter l'histoire du Titanic avec un niveau de détails des plus minimes, on pourrait dire que 700 passagers ravis ont débarqué à New York au terme du voyage inaugural du plus grand paquebot du monde. Cette histoire est vraie : il y a eu 700 survivants au naufrage. Mais elle n'a aucun sens ! Les 1 500 noyés au fond des eaux ont été oubliés ! De l'autre côté, s'attarder à détailler le temps qu'il fait, le nom et l'âge du personnage principal de l'histoire… n'a aucun sens non plus si l'auditoire peut se passer de ces informations.

Le bon niveau de détails dans une histoire est donc atteint quand tous les détails utilisés apportent quelque chose à la compréhension du message.

Comment enchaîner les histoires

Que faire ? Raconter histoire après histoire dans son allocution ? Raconter une seule et longue histoire qui durera tout le long de l'intervention ? Cette seconde option n'est pas une mauvaise idée, mais elle est à haut risque.

Si le public n'accroche pas à l'histoire, c'est alors toute l'allocution qui est en échec. De plus, les histoires qui ont suffisamment de richesse et d'endurance pour permettre cela ne sont pas légion.

Deux autres tactiques sont préférables.

La première est celle qu'a utilisée Steve Jobs au cours de sa fameuse allocution à l'université de Stanford en 2005. Il a enchaîné plusieurs histoires courtes dans son discours, fédérées par l'effort

© Groupe Eyrolles

qu'il avait fait de les relier entre elles (c'est le fameux « *connect the dots* » – relier les points –, partie intégrante de la démarche entre-preneuriale de Steve Jobs).

Vous trouverez l'intégralité de la vidéo avec la transcription (en anglais) du célèbre discours très storytelling de Steve Jobs aux jeunes diplômés de l'université de Stanford en 2005 sur le lien : http://news.stanford.edu/news/2005/june15/jobs-061505.html

Ou le QR code : 

Steve Jobs n'utilise ici que des histoires tirées de sa propre vie, mais son allocution est particulièrement bien construite, avec une ligne directrice qui est donc cette connexion entre les trois histoires racontées, aussi diverses et étalées dans le temps soient-elles.

La seconde tactique consiste à alterner des histoires ou « morceaux d'histoires » et des éléments plus factuels. Il ne s'agit pas de les déployer au hasard, mais suivant un enchaînement de type scénario : donc narratif.

Pour parvenir à un bon enchaînement d'histoires façon scénario, rechercher une telle alternance d'éléments narratifs et de faits, de données (chiffres ou autres) peut suffire, mais il est aussi possible de procéder suivant une démarche plus structurée.

Un schéma emprunté au marketing direct peut, par exemple, être efficace :

Attirer, obtenir l'attention du public – Éveiller le désir – Renforcer ce désir avec des preuves et un appel clair à l'action.

Susciter l'attention : il s'agit d'accrocher l'auditoire rapidement et directement, avec des mots qui résonnent émotionnellement en lui, personnalisés donc.

Éveiller le désir : à ce stade, l'objectif est de se connecter avec les besoins de l'auditoire, ses enjeux, ses problématiques, en lui montrant que l'on a compris ce qui est important à ses yeux. C'est un désir d'agir, de changement qui est recherché. C'est une nouvelle histoire qui s'ouvre dans le cœur et l'esprit de l'auditoire.

Renforcer : des preuves ne sont pas nécessairement des éléments factuels, une histoire peut tout à fait être une preuve. Le besoin que l'on prétend pouvoir satisfaire a pu être satisfait en d'autres temps, d'autres lieux, et c'est alors une preuve bien plus palpable qu'un alignement de chiffres.

L'auditoire a besoin de savoir comment de belles intentions peuvent être mises en pratique, et même plus que le savoir : le visualiser, que ce soit avec des mots ou des images. Il a aussi besoin de comprendre pourquoi l'action qui lui est demandée fait sens et doit être menée à bien.

La conclusion consiste ensuite à rendre bien clair pour l'auditoire ce que l'on attend de lui à présent. Quel est le plan pour la suite et qu'est-ce que l'auditoire est censé faire dans ce plan ?

Voir chapitre 6 pour des exemples et des contre-exemples d'intégration d'histoires à des prises de parole.

Comment « accrocher »

Accrocher l'auditoire, c'est répondre à des questions qu'il se pose, lui, et non à des questions que l'entreprise se pose sur elle-même.

En gardant cette préoccupation à l'esprit, plusieurs techniques peuvent être utilisées :

- le suspense : ne pas tout dire d'un coup est le meilleur moyen d'accrocher l'auditoire pour toute la durée de l'histoire ;
- la curiosité : un bruit étrange que l'on entend… On a envie d'en savoir plus, bien entendu ;
- les défis : posez un défi, l'auditoire voudra savoir si vous êtes capable de le relever ;
- l'humour : de l'humour bien senti est comme de la glu pour votre auditoire. Cependant, il faut que vous soyez vous-même de nature drôle, évidemment ;
- l'étonnement : présentez un scénario des plus ridicules, en apparence. Votre auditoire va se demander : « Est-ce qu'il va vraiment faire ce qu'il dit ? »
- le doute : remettez en cause les idées d'une personnalité réputée pour son excellence. Dites à votre auditoire : « Je vais vous montrer en quoi elle a tort. »
- une tournure de phrase : certaines tournures deviennent des phrases cultes.

L'auditoire : un personnage de l'histoire

Le *focus* du storytelling est donc, bien sûr, l'auditoire, et non le narrateur de l'histoire racontée.

Cela implique, plus que pour toute autre forme de communication, un travail de connaissance de l'auditoire.

Plusieurs questions sont essentielles pour y parvenir :

- Qui sont-ils ? Les traditionnelles études démographiques et de styles de vie n'ont que peu d'intérêt. C'est d'un niveau de connaissance plus personnel dont le storytelling a besoin. Pour bien connaître son auditoire, il faut faire l'expérience de la vie qu'il mène, une sorte de « Vis ma vie » fictif ou réel, si possible.

- Que font-ils là ? Les gens ont des motivations très diverses. Certains viennent entendre le message, d'autres viennent pour celui qui le délivre, d'autres encore n'y voient que leur propre intérêt, et une autre catégorie ne sait même pas ce qu'elle fait là (parfois, ce sont des « désignés volontaires »).
- Qu'est-ce qui les préoccupe ? Tout le monde a des soucis, des sujets de préoccupation qui empêchent de dormir ou, au minimum, de s'endormir ; l'histoire devra prioritairement y répondre.
- Qu'est-ce que l'on attend d'eux ? Les Américains ont une formule parfaite pour illustrer cela : le *« call to action »*, l'appel à l'action. Elle est empruntée au marketing direct et doit clore tout message, pour inviter l'auditoire à passer à l'étape suivante, à agir.

Faire participer votre auditoire

Les histoires sont plus engageantes quand les gens sont amenés à y participer. Quand on raconte une histoire, il faut faire tout ce qui est en son pouvoir pour impliquer l'auditoire. Le résultat ? Les gens écouteront plus attentivement et retireront plus de bénéfices de l'histoire.

Il faut donc contextualiser, adapter les détails de l'histoire pour qu'elle s'adapte au groupe auquel elle est racontée.

Il s'agit d'autoriser les auditeurs à ajouter par eux-mêmes des détails descriptifs, non stratégiques, à l'histoire.

Dans l'histoire, il faudra utiliser les noms, des éléments factuels et des caractéristiques des membres du groupe.

On pourra utilement inclure aussi les commentaires que les gens auront pu faire durant la session.

On aura en outre avantage à y incorporer des événements récents.

Et pourquoi ne pas utiliser en plus des questions rhétoriques (des questions qui n'appellent pas de réponse : celui qui les pose connaît déjà les réponses !) ?

Être à l'écoute

C'est une technique qui fonctionne autant avec les histoires d'autrui qu'avec ses propres histoires.

Il s'agit de les étudier par le biais de trois canaux :

- le canal du contenu du message : une concentration sur les informations ;
- le canal des émotions : quelles émotions l'histoire transmet-elle ?
- Le canal des intentions : quelles sont les intentions sous-jacentes du narrateur et que l'on peut percevoir en écoutant l'histoire ?

L'intérêt de cette triple écoute est d'anticiper et de cerner le plus précisément possible l'impact des histoires.

Bien entendu, lorsque l'on est soi-même le narrateur, il faudra recourir à un auditeur testeur, ce qui est hautement recommandé pour tout storytelling.

Diffuser ses histoires dans tous les sens

Une image vaut bien 1 000 mots. C.Q.F.D. : une histoire ne doit pas raconter, mais montrer. Traduction : une histoire doit éveiller des images dans la tête et le cœur de son auditoire.

Cela ne signifie pas que le storytelling se limite au sens de la vision. Le VAKOG, cher à la programmation neurolinguistique, y est à l'œuvre.

© Groupe Eyrolles

Une histoire doit pouvoir être ressentie par son auditoire de manière Visuelle, Auditive, Kinesthésique (le toucher), Olfactive et/ou Gustative. Si la scène se passe au bord de la mer, le son des vagues ou du vent sur les falaises, le toucher du sable ou du sel déposé par l'air sur les joues (ou alors son goût dans la bouche), l'odeur iodée... Tout cela, l'histoire doit le transmettre.

© Groupe Eyrolles

4

Améliorer son storytelling

L'apport des neurosciences

Antonio Damasio dirige l'Institut pour l'étude neurologique de l'émotion et de la créativité à l'université de Southern California. C'est une sommité. Il est notamment à l'origine d'une découverte révolutionnaire : le rôle fondamental des émotions dans la prise de décision. Antonio Damasio raconte l'histoire d'un patient intelligent, très cultivé, avec un bon sens logique et de bonnes capacités mémorielles, mais qui prenait très souvent des décisions insensées. Ces décisions stupides étaient prises lorsque le niveau d'émotion du sujet était très bas. Le neurologue en a déduit que notre corps génère des émotions qui « marquent » les situations de manière positive et négative (J'aime – Je n'aime pas), en fonction de notre expérience cumulée. Ce « marqueur » nous fournit une première impression qui est une aide à la décision.

Et pour Daniel Kahneman, le père de l'économie comportementale (et prix Nobel), nous ne faisons que croire que nous pensons de manière rationnelle ou raisonnable. C'est notre intuition qui nous guide quand nous jugeons que nos décisions sont fondées sur des bases solides. En réalité, donc, la plupart de nos réponses, de nos jugements, de nos décisions, que nous croyons être le fruit de la rationalité, sont en fait issus directement de souvenirs, d'idées, d'émotions… qui fonctionnent en réseau et se renforcent mutuellement.

Le storytelling peut apporter un facteur équilibrant dans cette relation raison/émotion.

Une bonne histoire ne doit pas être parfaite

Une histoire parfaite est même une mauvaise histoire.

Les histoires de ce livre sont peut-être prêtes à l'emploi, mais elles ne sont pas parfaites, et c'est volontaire. Ce ne sont pas des produits lyophilisés, prêts à consommer. Un message sans aspérités, auquel on ne peut pas se raccrocher, glisse à la surface de l'auditoire. Or, une histoire est une connexion, une relation qui s'établit entre l'émetteur et ses destinataires. Il faut donc que l'auditoire puisse s'y agripper. Il pourra ensuite s'en saisir et la faire sienne. C'est comme cela que le storytelling fonctionne : à l'inverse de la communication classique et du marketing, qui visent à emmener des cibles dans le propre monde de l'émetteur du message.

Les écrivains donnent leurs conseils

Les conseils de storytelling de John Steinbeck (prix Nobel de littérature 1962) :

- Il faut abandonner l'idée de terminer votre histoire. Ou, du moins, perdre de vue cet objectif… On finit alors par terminer l'histoire, en étant tout surpris.
- Il faut oublier toute idée d'un auditoire global, général. Il faut destiner l'histoire à un seul auditeur, en choisissant une personne,

une personne réelle que l'on connaît, ou une personne fictive… Et écrire, lui raconter cette histoire.

* Il faut se méfier si l'on commence à s'attacher à une scène plus fortement qu'aux autres éléments du récit. Elle risque de tout cannibaliser.

Et pour Isaac Asimov, auteur de science-fiction primé à plus de vingt reprises :

* Ce qui reste dans l'esprit de l'auditoire, ce n'est pas la phrase, mais l'effet que cette phrase a créé : les rires, les pleurs, la peine, la joie. Si cette phrase n'émeut pas l'auditoire, que vient-elle faire là ? Il faut faire en sorte qu'elle fasse son travail, ou alors la supprimer, sans pitié ni remords.

Des figures de style à utiliser

Des figures de style peuvent donner du dynamisme à une histoire, de la vie, en transformant des mots en images.

Les histoires contenues dans ce livre peuvent ainsi être personnalisées pour atteindre cet objectif à l'aide de figures de style.

Voici les principales figures de style utilisables pour le storytelling des entreprises :

Quelques figures rhétoriques de storytelling	
Analogies	Comparaison entre deux choses similaires sous certains aspects. *Exemple : c'est comme tourner autour du pot...*
Aphorisme	Résumé d'un principe. *Exemple : quand toute autre chose est un échec, ne comptez plus que sur vous-même.*
Métaphore	Un mot ou une phrase dépeint (image) un objet ou une idée. *Exemple : un torrent de paroles.*
Accroche	Le traditionnel slogan publicitaire. *Exemple : faire que les choses arrivent.*

S'inspirer des *TED Talks*

Les *TED Talks* ? Ce sont ces conférences de très haut niveau (en raison de la qualité des interventions, et des intervenants eux-mêmes) dont l'ambition est affirmée : ce sont « des idées pour changer le monde » – ted.com.

Le meilleur moyen de s'en inspirer est de les visionner et de les décrypter en se posant les questions suivantes :

- Comment l'intervenant a-t-il débuté son histoire ?
- L'objet de son histoire est-il clair ? Peut-il être résumé en une phrase ?
- Quels détails introduit-il ? Lieu, date, noms…
- Comment l'orateur parvient-il à ne pas faire un speech centré sur lui-même ?
- Comment éveille-t-il les sens ? Comment les scènes qu'il raconte deviennent-elles vivantes ?
- Peut-on repérer des sentiments et des émotions dans ce speech ?
- Les histoires racontées sont-elles crédibles ? Qu'est-ce qui amène cette impression ?
- Y a-t-il des éléments de surprise dans le speech ?
- Comment l'orateur termine-t-il son histoire ?

Avoir un storytelling de rechange

Plutôt que d'avoir une histoire sous la main, il vaut mieux en présenter plusieurs, simultanément ou successivement :

- si une histoire, une stratégie ne fonctionne pas, la suivante fonctionnera, ou la suivante encore ;

- votre objectif est finalement atteint, par « étouffement » des entraves à votre succès sous les histoires, ou parce que vos interlocuteurs sont tout simplement vaincus par plus forte histoire que la leur.

> *« Si votre adversaire ne se laisse pas prendre à l'un de vos pièges,*
> *il tombera dans un autre (de vos pièges). »*
>
> SUN TZU

© Groupe Eyrolles

5

Aller plus loin

Fiction ou histoire vraie ?

Certaines des histoires de ce livre sont réelles, d'autres sont imaginaires.

Les unes sont-elles pour autant plus légitimes que les autres, ont-elles plus de valeur ? Non !

Le chercheur Jonathan Gottschall a travaillé sur l'évolution du storytelling. Sa principale trouvaille est que nous sommes tous des *storytellers* et aussi tous… des menteurs. La plupart d'entre nous ne s'en rendent pas compte et nous nous mentons d'abord à nous-mêmes.

Lorsque nous racontons des histoires, nous le faisons aussi (et souvent inconsciemment) dans un but bien particulier : les histoires nous aident à croire que nos vies ont du sens. Pour Jonathan Gottschall, nous sommes allergiques à l'incertitude, au hasard, à la coïncidence. Notre esprit veut croire que tout arrive pour une raison donnée. Les histoires, le storytelling viennent mettre de l'ordre dans le chaos.

Pour le chercheur, chaque fois que nous racontons une histoire, celle-ci change de manière légère, subtile, presque invisible. Et,

© Groupe Eyrolles

au fil des narrations, elle peut changer de manière importante. Il serait donc plus honnête et plus honorable de dire à chaque fois : « Basé sur une histoire vraie. »

Maîtriser sa voix

La voix donne de la vie à une histoire. Elle doit être considérée comme un instrument. Les instruments se jouent d'une manière dynamique (par exemple, parfois de manière grave, parfois douce).

Il est nécessaire d'animer les histoires que l'on raconte en variant l'angle d'attaque, le ton et le volume de la voix.

La voix doit être utilisée pour guider l'auditoire. Il s'agit de mettre l'accent sur les mots-clés, certaines phrases, des détails.

La voix pourra être modifiée pour représenter des personnages dans votre histoire.

De petites pauses et d'autres variations de rythme pourront être insérées dans le discours.

Parler avec son corps

Une histoire se raconte avec la voix et le corps, c'est connu. Et le langage du corps peut bien plus communiquer que des mots.

La pratique de l'échange de regards soutenus avec l'auditoire est particulièrement adaptée au storytelling.

Adopter des gestes particuliers et des postures pour les différentes situations narratives et les personnages est également recommandé.

Mimer des parties de l'histoire peut aussi apporter un peu plus de valeur.

Utiliser des accessoires évocateurs et mémorables laissera des traces dans la mémoire des gens (ils permettront à l'auditoire d'indexer facilement l'histoire).

Enfin, circuler dans la pièce tout en racontant l'histoire lui donnera encore un supplément de vie.

S'imposer des garde-fous

Contextualiser

Autant des paroles sorties de leur contexte peuvent avoir un sens opposé à celui que l'on voudrait leur donner, autant des histoires ne sont efficaces que placées dans leur contexte d'origine. C'est une question de transparence, avec un enjeu de crédibilité à la clé.

Rester ouvert

Étant donné qu'une histoire n'est pas un monologue – on l'a à présent compris – l'ouverture à la discussion avec l'auditoire est essentielle. Une histoire va souvent être très disruptive, en allant à l'encontre d'idées bien établies. L'objectif est alors d'éviter un échange de type histoire/contre-histoire : il s'agira plutôt de faire d'une première histoire un tremplin pour donner naissance à d'autres histoires, nouvelles, ou, au minimum, à des questions sur l'histoire racontée (elles-mêmes potentiellement génératrices d'histoires…).

Savoir se projeter

Quelles seront les conséquences d'une histoire racontée ? Avant de se lancer, c'est la question à se poser. Réelles ou fictives, positives ou négatives, toutes les histoires ne sont pas bonnes à raconter.

Éviter la manipulation

Comme toute forme de persuasion, et même plus généralement de communication, le risque d'être perçu comme étant manipulateur existe. Que l'intention de manipuler soit présente ou non n'entre pas en ligne de compte : c'est véritablement une affaire de perception.

Pour s'assurer de ne pas être perçu comme tel, une simple question suffit : est-ce que l'histoire racontée perdrait son pouvoir si l'auditoire savait exactement ce que l'orateur est en train de faire (raconter une histoire) et dans quel but il le fait ? Si la réponse est oui, la manipulation est établie. La sélection de l'histoire est ici une clé importante, car, au-delà de la volonté et des objectifs de l'orateur, c'est elle qui fera pencher la balance de l'un ou de l'autre côté.

6

Bonnes pratiques et contre-exemples

Une bonne et une mauvaise présentation d'entreprise

SigFig est une entreprise spécialisée dans la conception de solutions logicielles dans le domaine de la finance.

Voici comment elle se présente : « *Avant de lancer SigFig, nous étions des investisseurs ordinaires, frustrés par l'état du monde financier. Il semblait qu'il n'y ait pas d'échappatoire aux commissions sur transactions cachées, aux mauvais conseils d'investissement, aux technologies dépassées qui ne nous aidaient pas beaucoup à rapprocher nos outils de ceux des pros de Wall Street. Ajoutez à cela le quasi-effondrement de l'industrie financière, et nous nous sommes rapidement dit que nous n'avions décidément que des mauvaises cartes dans notre jeu. Finalement, nous en avons eu marre de toute cette complexité et ce manque de transparence à Wall Street, et nous avons décidé de faire quelque chose. C'est pourquoi nous sommes là aujourd'hui, à bâtir SigFig – une plateforme d'investissement gratuite qui permet à tout le monde, des investisseurs au quotidien au retraité amateur, de traquer, analyser les données et d'améliorer leur portefeuille. SigFig est née de la conviction partagée qu'épargner et faire fructifier votre argent durement gagné a été trop compliqué depuis trop longtemps. Bientôt, grâce à SigFig, vous n'aurez plus besoin d'être hyper-riche pour avoir des conseils d'investissement de grande qualité ou d'avoir un diplôme en finances pour traquer des données et les analyser*[1]*… »*

C'est ce que nous pouvons appeler un bon exemple. Il y a manifestement ici une histoire. L'entreprise dit aussi : *« Nous en avons eu marre. »* Pas : « Nous étions ennuyés », ou : « Nous en avons conclu qu'il devait y avoir un meilleur moyen. » Ces deux dernières formules appartiennent à la communication classique : discours policé, peu engageant. Les auteurs de ce texte ont tablé sur la formule la plus forte, émotionnellement. L'activité de SigFig n'apparaît pas tout de suite. Encore une convention de communication qui saute ! Cela n'a pas été gênant : l'histoire est suffisamment engageante pour tenir l'auditoire en haleine jusque-là.

Et voilà comment se présente **BigFi** – le fait que cette entreprise ait des publics cibles un peu différents de SigFig n'entre pas en ligne de compte : *« BigFi est l'un des leaders mondiaux du management financier, du courtage, de la* corporate finance *et des services de banque d'investissement.*

Travaillant avec nos clients en tant que partenaire stratégique, nous créons et mettons en œuvre des solutions gagnantes, qui répondent aux besoins stratégiques, financiers et d'investissement cruciaux de nos clients, partout dans le monde.

*Nous nous distinguons en construisant et en maintenant des partenariats solides avec nos clients. BigFi place sa relation avec le client en tête de ses préoccupations et est fière de mener ses activités sur la base de 5 principes immuables : **la focalisation sur le client, le respect des personnes, le travail d'équipe, l'entrepreunariat responsable et l'intégrité.** »*

---

1. SigFig.com.

© Groupe Eyrolles

Ce sont là des affirmations plus que des informations, avec beaucoup de généralités et, finalement, peu d'éléments concrets, des principes énoncés sans être illustrés par quoi que ce soit…

Des histoires déconstruites pour en comprendre la structure et le rythme

Le schéma narratif en 7 points

Voici un cas réel d'entreprise : il s'agit de l'histoire culte d'un pionnier du storytelling, Steve Denning, lorsqu'il travaillait à la Banque mondiale. Son objectif était de convaincre la Banque d'opérer un changement radical : se transformer en banque de connaissances, en plus d'être un institut de financement des pays émergents. Et voici, déconstruite, l'histoire qu'il a utilisée.

1. SITUATION L'an dernier, en Zambie, dans la savane, c'était au mois de juin.
2. LIEU Un centre de soins.
3. PERSONNAGES Un personnel de santé zambien : protagoniste central de l'histoire. Les équipes d'experts de la Banque mondiale : leurs antennes dans les différents pays du monde et au siège de l'institution.
4. CHALLENGE Le personnel de santé zambien a besoin d'une information cruciale pour pouvoir traiter une forme particulière de la malaria, car une épidémie s'est déclenchée.
5. ACTION La quête désespérée de cette information. Les équipes d'experts de la Banque mondiale en poste en Zambie détiennent cette information, elle est même indexée dans des bases de données au siège de la Banque… Le personnel de santé zambien et la Banque mondiale vont-ils parvenir à se croiser ?

© Groupe Eyrolles

<table>
<tr><td>

Et le point de basculement a été le moment où…

… Le personnel de santé zambien trouve, difficilement et après avoir perdu énormément de temps en recherches infructueuses, plus ou moins l'information qu'il recherchait : sur le site Internet du Centre américain pour les maladies infectieuses ! Pas auprès de la Banque mondiale…

</td></tr>
<tr><td>

6. RÉSOLUTION
Steve Denning a terminé son histoire en appelant ses collègues de la Banque mondiale à l'action : «Imaginez si nous étions capables de rendre accessible à ceux qui en ont le plus besoin toute la masse d'information experte que nous avons rassemblée, sur la malaria mais aussi sur toutes les autres thématiques sur lesquelles nous nous penchons… Imaginez la banque de connaissances que nous pourrions devenir… »

</td></tr>
<tr><td>

7. IMAGES ET OBJETS
Steve Denning n'a pas utilisé d'objets pour appuyer sa démonstration. Mais il aurait pu brandir une règle : pour marquer la différence d'épaisseur entre la page imprimée du site Internet du Centre des maladies infectieuses et le dossier complet de la Banque mondiale sur le point précis recherché par le personnel de santé zambien.

</td></tr>
</table>

Même exercice, cette fois avec l'une des histoires du livre : **Le disciple** (p. 100), dont le message s'articule autour de la motivation, de l'engagement, mais aussi de la vanité.

Le disciple très assidu d'un gourou traverse tous les jours un ruisseau pour recevoir les enseignements de son maître à penser. Un jour, il y a de fortes pluies, et le ruisseau se transforme en rivière.

Il n'y a plus moyen, pour le disciple, de rejoindre son maître, et le voici assis, la tête entre les mains, désespéré. Il est vraiment très assidu !

Une idée lui traverse soudain l'esprit : pourquoi ne pas invoquer l'aide du maître ? Hé oui !

Il se lève, et traverse la rivière en chantant : « Gourou, gourou, gourou… »

Le gourou est très impressionné.

© Groupe Eyrolles

Quand le disciple repart, il va jusqu'au bord de la rivière. Il se met à chanter : « Moi, moi, moi… » Il entre dans la rivière… et coule comme une pierre.

---

1. SITUATION
Une date et une localisation indéfinies : un choix volontaire pour apporter à la fois du mystère et de la proximité, chacun pouvant s'approprier cette histoire par ce biais-là. On peut choisir d'imaginer que cette histoire se passe quelque part en Asie, à la saison des pluies en tout cas.

2. LIEU
Les bords d'un ruisseau.

3. PERSONNAGES
Un gourou, dans le sens positif du terme, c'est-à-dire un mentor. Mais est-il vraiment aussi sage qu'il est censé l'être ?
Le disciple du gourou : assidu au plus haut point, assoiffé de sagesse, c'est le héros de l'histoire.

4. CHALLENGE
Arriver à se surpasser.

5. ACTION
Le ruisseau devient impraticable du fait de sa crue.
Le gourou et son disciple ne peuvent plus se rejoindre.
Le disciple ne peut plus bénéficier des enseignements de son maître, dont il ressent pourtant tellement le besoin.

Et le point de basculement a été le moment où…

… La motivation du disciple lui permet de se surpasser pour traverser le ruisseau en crue…
Complètement autocentré, le gourou ne parvient pas à faire de même et se noie.

6. RÉSOLUTION
Le disciple devient le maître parce qu'il a su allier la force mentale à la motivation, et le maître disparaît par excès de vanité. Ce n'est pas seulement la foi en soi qui permet de déplacer les montagnes, mais aussi, et surtout, la foi que l'on peut placer dans les autres membres d'une équipe.

7. IMAGES ET OBJETS
./.

Le rythme d'une histoire pas à pas

Un exemple : l'histoire du disciple du gourou (voir aussi chapitre 2 :
« Le rythme des histoires »).

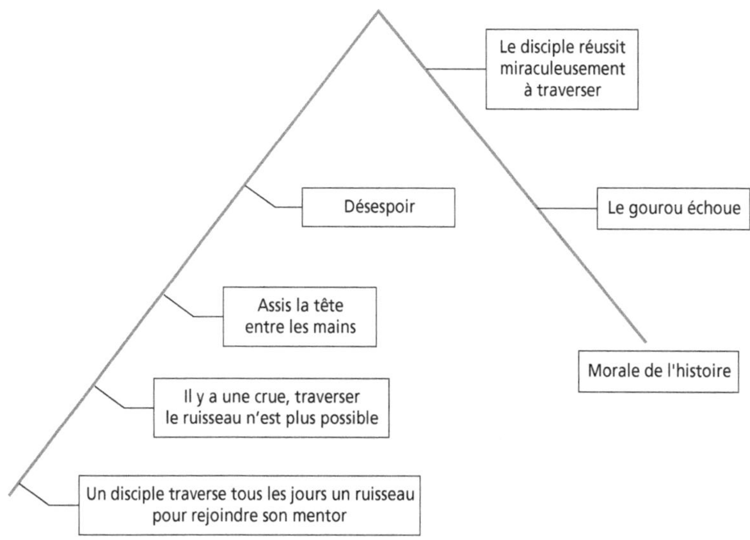

Enchaîner les histoires : le mode d'emploi illustré par des exemples

Le contre-exemple : un enchaînement de faits, aucune histoire

Le marché de la transmission de données sans fil a crû de
22 % par rapport à l'année précédente, et de 6 % sur le dernier
trimestre, pour atteindre un montant de 13,2 milliards de dollars
au deuxième trimestre, ce qui est conforme à nos estimations
initiales qui étaient de 54 milliards de dollars sur l'année.

Nous nous sommes élevés au niveau de notre principal concurrent pour la première fois au cours du dernier trimestre, et nous avons continué à maintenir cette position de numéro 1 en étant l'opérateur qui engrange le plus de revenus dans le domaine de la transmission de données mobiles : 300 millions de dollars. Malgré nos faiblesses – nos équipes sur le terrain sont moins étoffées que celles de nos concurrents – nous avons été forts. Nous avons lancé de nouveaux produits, et nous nous situons bien sur ces nouveaux créneaux par rapport à nos concurrents. Nous avons donc de bons résultats, même si nous n'avons pas atteint les objectifs qui nous avaient été assignés : nous sommes à – 10 % par rapport aux objectifs. Dans le contexte actuel, c'était attendu : les analystes financiers l'avaient prévu. C'est donc normal. Merci à tous d'être venus, et bonne journée.

L'objectif, qui était de délivrer un message sur le thème de la performance, n'est pas atteint, et de loin !

Il l'est bien plus avec cet enchaînement utilisant des histoires de ce livre…

Exemple : un enchaînement d'histoires réussi

Pour une performance, c'est une performance ! Jamais, nous n'avions réussi à faire aussi bien que notre principal concurrent… Et là, nous sommes numéro 1 ! On disait de nous que l'on n'avait pas tout ce qu'il fallait pour réussir. Cela me rappelle ce jeune garçon à qui il manquait le bras droit et qui voulait apprendre le karaté (histoire Karaté Kid, p. 155). Il a fini par participer à une compétition contre d'autres jeunes, valides, et il l'a gagnée ! Vous aimeriez bien savoir comment… Je ne vais pas vous le dire tout de suite.

Oui, nous sommes des poids plumes sur le terrain, mais notre bénéfice a été de 300 millions de dollars au cours du dernier trimestre, aucun autre de nos concurrents n'a pu nous égaler.

Nous avons osé innover, lancer des produits que l'on n'attendait pas de nous. Un autre grand innovateur me vient à l'esprit, et sans être prétentieux, nous sommes dans la même veine. Je pense à Steve Jobs en 2005 à l'université de Stanford (histoire *Le discours*, p. 74). Lui qui n'avait jamais eu aucun diplôme, a lancé tellement de nouveautés inattendues, est venu dire aux jeunes étudiants diplômés de la plus prestigieuse des universités du monde : « *Soyez fous, soyez affamés.* » Nous aussi, nous l'avons été.

Nous avons, par exemple, anticipé très en amont l'arrivée de la 4G pour proposer des matériels qui permettent de l'utiliser au maximum de ses possibilités.

Ne nous croyons toutefois pas arrivés. Nous sommes quand même à − 10 % par rapport à nos objectifs. Restons humbles, sous peine de grosses déconvenues. Personnellement, pour garder les pieds sur terre, j'aime bien me rappeler l'histoire de ce chien (histoire *Un os peut en cacher un autre… ou pas*, p. 194) qui était au bord d'une rivière avec un os entre les dents. En face de lui, il voit un autre chien, avec un os beaucoup plus grand que le sien entre les dents ! Il lui faut cet os, évidemment. Il lui saute donc dessus… et atterrit dans l'eau ! Cet autre chien, c'était son propre reflet ! Et au passage, il perd même son os, qui va se déposer au fond de l'eau !

Mais j'ai foi en vous. Savez-vous comment le jeune karatéka manchot a gagné son tournoi ? En ne connaissant qu'un seul mouvement ; un mouvement qu'il n'était possible de contrer qu'en saisissant le bras droit… Nous sommes pareils : nous savons surmonter nos faiblesses apparentes. Nous sommes peut-être un poids plume, mais ce qu'il y a de bien avec une plume, c'est que, quand elle a pris son envol, elle vole bien.

Trois histoires ont été utilisées ici : une sur le thème de la stratégie au service de la performance, une autre sur l'innovation, la différence

© Groupe Eyrolles

et l'audace, et une autre encore sur l'humilité et le réalisme. Il ne s'agit pas pour autant d'une suite d'histoires : elles sont entrecoupées de données, de faits. Il ne s'agit pas non plus d'une reprise des histoires concernées dans leur intégralité, telles qu'elles sont présentées dans ce livre. Ce sont des versions compactées : selon le contexte, les histoires du livre pourront être employées dans leur version intégrale ou raccourcie. À leur utilisateur de juger.

La fin de la première histoire n'est pas révélée tout de suite, pour conserver une forme de suspense. Cette fin n'apparaît qu'en toute fin d'allocution, renforçant encore son message final.

À noter encore, dans cet enchaînement : l'utilisation d'une métaphore, celle du « poids plume ». Elle n'est pas très originale, mais a l'avantage de la simplicité. La métaphore s'inscrit, de plus, dans la durée avec le retour sur cette image verbale et son extension à la fin de l'intervention.

Utiliser les histoires pour rendre palpable la notion de qualité

Dans notre exemple, il s'agit d'une démarche qualité globale, au niveau de l'entreprise, ce qui rend encore plus complexe l'objectif de faire de cette notion quelque chose de palpable pour chacun des membres de l'auditoire, aussi hétérogènes qu'ils soient.

Commencer par illustrer la nécessité d'une focalisation accrue sur la qualité.

L'idéal, pour cela, est d'utiliser un fait, un chiffre frappant, tiré de l'univers de l'entreprise. Attention cependant aux chiffres trop généraux (et généreux !) : c'est un chiffre à employer à des fins d'illustration, il doit donc être très proche du terrain, se situer dans le registre du détail.

© Groupe Eyrolles

Bien entendu, il ne faut pas en rester là, sous peine de donner l'impression que cette « grande problématique » de la qualité n'est en réalité qu'anecdotique. Il s'agit donc de connecter ce chiffre, ce fait, à un enjeu plus grand, au moyen d'une histoire.

Et pour ne pas se montrer accusateur, une histoire tirée du vécu d'une autre entreprise sera idéale.

Une histoire de ce livre est particulièrement adaptée pour cela : Les mauvais souvenirs durent longtemps (p. 132).

Elle montre qu'une problématique de qualité (le fait, le chiffre mentionné ci-dessus) n'est rien en tant que telle : elle prend toute sa dimension dévastatrice quand elle est mise en « réseau » avec d'autres réalités de l'entreprise, un contexte, une manière de fonctionner… Ses effets ne sont alors pas seulement physiques, mais s'inscrivent aussi dans la mémoire des clients et dans leur imaginaire, sous forme de préjugés.

Voici les éléments de cette histoire à retenir pour ce cas précis…

Des collègues de travail déjeunent régulièrement ensemble dans un petit restaurant qui sert des sandwiches extraordinaires. Un jour, ils découvrent que le restaurant vend des bols de soupe et des tasses de soupe à un prix différent, alors qu'ils ont rigoureusement la même contenance.

Ce jour-là, avant de quitter le restaurant, la bande de collègues informe le propriétaire de leur découverte et du fait que, malgré la qualité de ses sandwiches, ils ne reviendraient pas.

(C'est ici un problème de relation client couplé à une problématique de qualité.)

Comme dans la plupart des entreprises, une vraie mise en œuvre d'un esprit qualité, individualisé, ne comporte pas de mode d'emploi unique pour tous. Une histoire peut, par contre, montrer à l'auditoire que c'est bien un nouvel état d'esprit qui est

nécessaire, que tout le monde est concerné de manière opérationnelle. Bref, la qualité n'est pas réservée à des « experts ».

Là encore, une histoire sera bien utile. Par exemple L'expertise n'est pas toujours là où on l'imagine (p. 82).

Quinze habitants de Boston aux États-Unis ont été réunis pour étudier les enjeux des télécommunications.

Il y avait là un sans-abri, un cadre du secteur des hautes technologies, un fermier à la retraite, un jeune diplômé…

Pendant plusieurs week-ends, ils ont eu droit à des lectures, des présentations, des témoignages d'experts…

Et après avoir délibéré, tous les quinze ensemble, ils ont écrit des recommandations, judicieuses, toutes simples ou plus ambitieuses.

Ces citoyens ordinaires en savaient alors plus sur le sujet que le parlementaire moyen appelé à voter des lois sur ces mêmes thèmes !

Finir son allocution par un appel à l'action clair, d'application de ce nouvel état d'esprit et mode de fonctionnement de l'entreprise.

Utiliser les histoires pour engager des collaborateurs dans une démarche de changement

Le changement est un voyage, une aventure… et donc une histoire.

Pour débuter ce voyage, deux histoires seront à raconter : elles ne peuvent être tirées de ce livre, il faut que ce soient des histoires tirées du vécu réel de l'entreprise. La première de ces histoires évoquera la situation présente de l'entreprise, avec une ouverture vers le besoin de changement. La seconde aura pour objectif de créer une vision partagée, avec une histoire (ou plusieurs, au besoin) parlant de la destination à atteindre, au terme de la démarche de changement.

L'histoire qui suivra, la troisième donc, pourra avantageusement être choisie dans le livre : elle devra présenter des expériences (des succès, mais aussi des échecs) de changements opérés dans le passé. Une histoire extérieure à l'entreprise sera efficace, en ce sens qu'elle projettera davantage l'auditoire dans cette dimension de changement, d'évolution, de transformation (et c'est encore plus le cas dans des entreprises statiques, sans grande expérience du changement, ou lorsque des changements ont eu lieu, mais ont été soit traumatisants, soit dans des situations trop contextualisées pour servir d'exemple).

Bien entendu, il faudra introduire cette histoire par : « Nos enjeux ne sont pas vraiment différents de ceux de cette autre entreprise qui… »

L'histoire Recessionista (p. 149) ci-dessous sera idéale pour développer un changement axé sur la créativité (regarder des points de crise d'un œil neuf, créatif, pour en tirer des opportunités). L'histoire Tilt (p. 142) pourrait aussi être un bon choix : pour réexaminer des atouts existants afin d'en tirer de nouvelles idées, plus profitables (l'histoire d'un cours de danse reformaté en cours de gym).

L'histoire Recessionista.

Dans la mode, dès 2009, les créateurs ont trouvé de l'inspiration dans la récession.

Vivienne Westwood, l'une des grandes créatrices de mode actuelles, a proposé cette année-là, dans sa ligne Gold Label, des tailleurs qu'on aurait dit… taillés dans des tentures, des capes réalisées à partir de couvertures militaires.

Et elle conseillait ceci : « *Achetez moins, portez des vestes trop grandes en guise de manteaux…* » Elle est même devenue coach pour recessionista, fashionista, mais à la mode… récession.

Et si, nous aussi, nous regardions d'un œil neuf, créatif, les différents points de crise auxquels nous sommes confrontés, pour y trouver des opportunités ?

La passerelle avec l'histoire suivante est alors aisée : il s'agit de mobiliser, individuellement, chacun des membres de l'auditoire, en leur disant que leurs contributions, leurs idées seront les clés de la réussite.

L'histoire Le dernier jour (p. 106) sera bien adaptée.

Prenons l'habitude de nous regarder dans le miroir (au sens propre comme au figuré) et de nous demander : « Si ce jour devait être le dernier de ma vie, est-ce que je voudrais faire ce que j'ai prévu de faire aujourd'hui ? » Chaque fois que ma réponse aura été « non », c'est le signe qu'il faudra changer quelque chose. (Rappelons-nous que le changement souhaité par l'entreprise est bien l'adoption d'un nouvel état d'esprit : une démarche de changement permanent.)

Place ensuite aux plans d'action, qui pourront être détaillés. Les histoires de ce livre ne peuvent pas y être intégrées, mais des scénarios (donc des histoires) propres à l'entreprise peuvent y être incorporés.

Pour clore cet engagement d'un auditoire dans une démarche de changement, il faut esquisser la ligne d'arrivée : comment les participants à cette démarche sauront que, ça y est, ils sont parvenus à leur destination ?

L'histoire Le manteau de la Lune (p. 108) permet de conclure en recadrant les enjeux.

Un jour, la Lune demanda à sa mère de lui offrir un manteau qui la rendrait ravissante.

« Comment trouver un manteau qui pourrait t'aller ? répliqua la mère. Tu changes tout le temps de taille. Un jour pleine lune, un autre nouvelle lune, un autre encore on ne te voit même pas ! »

La Lune n'aura donc jamais de manteau.

Et l'esprit de changement n'aura pas de fin, c'est un état d'esprit permanent, auto-entretenu.

Utiliser les histoires pour rassembler une équipe autour d'un défi particulièrement complexe

Pour une telle situation, choisissons trois histoires, tirées de ce livre. Pour que leur combinaison fonctionne dans ce cas précis, il faut qu'elles aient un lien entre elles. Ici, le liant est le fait qu'il s'agit d'histoires impliquant des animaux.

Première histoire : le constat d'une problématique (Peau de croco, p. 169) – d'où venons-nous ?

Nous avons été frappés par le même problème…

Le crocodile avait au départ une peau magnifique, douce et dorée. Et elle le restait parce qu'il se tenait toute la journée couché dans une mare d'eau boueuse. Il ne sortait que la nuit. Et là, il se laissait admirer par tous les autres animaux des bois, de la savane et des marais réunis.

Le crocodile en était très fier, et il commença à sortir même de jour pour se faire admirer.

Au fur et à mesure qu'il se dorait au soleil, sa peau devenait de plus en plus vilaine. Elle perdit rapidement toute sa beauté pour avoir bientôt l'aspect qui est le sien aujourd'hui.

© Groupe Eyrolles

Deuxième histoire : où en sommes-nous ? Avec une histoire sur la fatalité (Le scorpion et la grenouille, p. 168).

Et voilà où nous en sommes aujourd'hui…

Un scorpion demande à une grenouille de le transporter sur son dos pour passer une rivière.

La grenouille lui répond : « Bien sûr que non, tu vas me piquer ! »

Le scorpion lui dit alors : « Réfléchis, si je fais cela, nous coulerons tous les deux ! »

La grenouille accepte donc.

Alors qu'ils sont au milieu de la rivière, le scorpion rompt sa demi-promesse et pique la grenouille.

Pendant qu'ils sont en train de couler, la grenouille demande au scorpion : « Pourquoi as-tu fait cela ? Nous allons mourir tous les deux ? »

« Parce que c'est dans ma nature », répond le scorpion juste avant de se noyer.

Troisième histoire : où voulons-nous aller ? Avec l'histoire Le vieil homme et le loup (p. 113).

Il y a deux loups en chacun de nous. Un des loups est méchant, il n'a rien de positif.

L'autre est bon, c'est la bonté même.

Il y a une bataille entre eux, qui se joue chez tout le monde, tout le temps.

Je me souviens d'enfants qui ont un jour demandé à leur grand-père : « Grand-papa, lequel des deux loups va gagner ? »

Et le vieil homme a alors répondu : « Celui que tu nourris. »

Nourrissons le bon loup !

© Groupe Eyrolles

Des cas réels, modèles d'utilisation réussie d'histoires d'autrui

Le choix du bonheur

Déjà nommé par *Time Magazine* parmi les 100 personnes les plus influentes, titulaire de nombreux prix, l'écrivain et penseur Malcolm Gladwell utilise une histoire issue du milieu du marketing (celle d'Howard Moskowitz, l'homme qui a su convaincre les plus grandes marques américaines que le client médian n'existe pas, avec un récit centré sur les sauces pour spaghettis). Il s'en sert pour transmettre un message bien spécifique sur la notion de choix et sur le bonheur, très pertinent pour le monde de l'entreprise.

La vidéo de son allocution (avec sous-titrage et transcription en français) a été vue plus de 2,6 millions de fois. Vous la trouverez sur le lien :

http://www.ted.com/talks/malcolm_gladwell_on_spaghetti_sauce.html

Ou le QR code : 

Quoiqu'un peu longue, cette allocution n'est absolument pas ennuyante. Malcolm Gladwell arrive à nous tenir en haleine avec une histoire à cent lieues de sa zone de confort, et dont le personnage central n'est pas l'une de ses connaissances, ni même une personnalité grand public. L'utilisation d'un exemple gastronomique y contribue : nous avons une relation naturellement très sensorielle avec la nourriture. Malcolm Gladwell ne se contente d'ailleurs pas d'une histoire, mais en raconte plusieurs au service de son message et autour de son personnage central, tout en restant dans le même registre culinaire.

Le côté positif de la peur

Encore un écrivain invité à un *TED Talk*, Karen Thompson Walker, romancière dont le premier livre lui a rapporté 1,2 million de dollars. Elle parle des vertus de la peur, laquelle stimule l'imagination et nous oriente vers un comportement salutaire de prospective, d'anticipation du futur. Elle utilise pour cela une histoire vraie, vieille de plus de deux siècles, la tragédie survenue à l'équipage d'un baleinier. L'histoire rappelle celle de Moby Dick et il semble bien qu'elle ait d'ailleurs inspiré l'auteur du célèbre roman. Elle emprunte aussi des faits issus de la recherche scientifique pour appuyer ses propos et ajoute des histoires personnelles.

Vous trouverez la vidéo de son allocution (avec sous-titrage et transcription en français) sur le lien :
http://www.ted.com/talks/karen_thompson_walker_what_fear_can_teach_us.html

Ou le QR code : 

On pourra noter l'empathie recherchée avec le public à plusieurs moments au cours de l'allocution. À noter également : Karen Thompson Walker ne raconte pas l'histoire du baleinier d'un trait. Elle la débute, laisse le suspense s'installer, y revient un peu plus tard, et l'analyse ensuite. Entre-temps, elle aura raconté d'autres histoires et introduit des faits. Elle parvient ainsi à maintenir l'attention de son auditoire.

Allier une bonne histoire à une performance visuelle

Marco Tempest est un magicien illusionniste, spécialisé dans les performances réalisées à l'aide du multimédia. Invité, lui aussi, aux *TED Talks*, il a choisi de raconter l'histoire de l'illusionniste visionnaire (avec une vision pertinente bien au-delà du monde de la magie) Nikola Tesla, en alliant la force de l'histoire à sa propre expertise, pour un résultat visuellement bluffant, tout au service du message transmis.

> Vous trouverez la vidéo de son allocution (avec sous-titrage et transcription en français) sur le lien :
> http://www.ted.com/talks/marco_tempest_the_electric_rise_and_fall_of_nikola_tesla.html
>
> Ou le QR code : 

Le message qu'il diffuse a cette capacité rare d'être utile pour une large palette de publics : il ne suffit pas d'avoir une vision exacte et ambitieuse pour s'assurer le succès. Le monde de l'entreprise, lui, est pleinement concerné. Cela montre bien, également, que la puissance de l'histoire est supérieure au « handicap » que pourrait constituer l'identité du narrateur (un magicien dans le cas présent).

L'art de savoir se taire

Un entrepreneur, cette fois… Derek Sivers est le créateur d'entreprises qui ont révolutionné l'accès à la musique en ligne. Son *TED*

Talk a été visionné par plus de 2 millions d'internautes. Dans son allocution, il commence par entrer en forte interaction avec le public en lui demandant d'imaginer une histoire… Puis il lui dit qu'il a tout faux ! C'est un rebondissement. Il embraye ensuite en racontant l'histoire de recherches scientifiques qui appuient son propos (il mêle donc alors des faits et de la narration). Et il termine par la morale de l'histoire, le cœur du message.

Vous trouverez la vidéo de son allocution (avec sous-titrage et transcription en français) sur le lien :
http://www.ted.com/talks/derek_sivers_keep_your_goals_to_
yourself.html

Ou le QR code : 

Le message de Derek Sivers a d'autant plus d'impact qu'il est plutôt disruptif : il montre que, contrairement aux idées reçues, il vaut mieux garder pour soi une idée ou un projet, plutôt que de s'en ouvrir aux autres, sous peine de prendre de gros risques d'échec. C'est statistiquement prouvé !

Partie II

170 histoires inspirantes prêtes à l'emploi

1

Puiser dans l'Histoire

Qu'il s'agisse de récits tirés de la mythologie grecque ou romaine, d'événements historiques avérés, de situations vécues par des personnages célèbres ou de grandes découvertes, l'Histoire est un terrain favorable aux histoires… Pour peu que l'on n'en reste pas aux faits, qu'on explore tout ce qu'il y a entre les lignes des dates, des chiffres ! On trouve les petites histoires de la grande Histoire bien plus intéressantes. Les musées ne s'y sont pas trompés : finies les collections d'objets, place aux parcours scénographiés ! Parcours ? Histoires, en fait…

S'inspirer de la mythologie

« Les histoires sont la monnaie d'échange des rapports humains, et il en a toujours été ainsi. »

ROBERT MCKEE, SCÉNARISTE HOLLYWOODIEN

Les mythes et les légendes ont toujours un fond de vérité ? Ceux-là n'en ont pas forcément : par contre, ils ont du sens, et profondément.

L'erreur fatale du roi Midas

Le roi Midas avait la particularité de transformer en or tout ce qu'il touchait, et c'est d'ailleurs ce qu'il désirait le plus au monde.

La nourriture, par exemple : il lui était donc impossible de manger par lui-même.

Un jour, il oublia son don… Il toucha sa fille… Celle-ci se transforma donc instantanément en statue, et mourut sur le coup.

Cette histoire est évidemment fictive, mais son message est plein de sens : 100 % d'influence = 100 % d'isolement = 100 % d'échec.

Mots-clés

Liberté/ouverture/vanité/aptitudes/comportement.

L'histoire du haka

On dit qu'un jour, vers 1820, le chef maori Te Rauparaha, surnommé « le Napoléon du Pacifique », tentait d'échapper à une tribu ennemie.

Il s'enfuyait, mais les guerriers adverses se rapprochaient de plus en plus. Te Rauparaha entendait d'ailleurs déjà leurs cris.

En dernier recours, il entra dans le village d'une autre tribu pas particulièrement amie pour demander asile. C'était vraiment son dernier recours. Le chef de cette tribu accepta de le cacher dans un genre de fosse où étaient stockées les patates douces de la tribu. Pas très glorieux…

La tribu ennemie entra dans le village et Te Rauparaha, bien que caché au fond de la fosse, était certain d'être découvert et tué. Il n'arrêtait pas de se dire, tout bas : « Je meurs, je meurs. »

Quand il se rendit finalement compte que ses ennemis ne l'avaient pas trouvé, Te Rauparaha se mit à crier : « Ka Ora, Ka Ora ! (Je vis, je vis !) L'homme "poilu" qui est allé chercher le soleil l'a fait briller à nouveau ! Le soleil brille. » (Il parlait du chef de la tribu qui l'avait accueilli, dont le corps était très velu.)

Si je vous ai donné autant de détails, ce n'est pas pour rien. C'est parce que certains d'entre vous ont déjà entendu cette histoire, sans forcément le savoir. Cette histoire est en effet racontée aujourd'hui… par les rugbymen néo-zélandais avant chacun de leurs matches, lorsqu'ils interprètent leur fameux haka !

Mots-clés

Apparences trompeuses/fondements/force/énergie/charisme.

L'étoffe de la richesse

Il était une fois ou deux ou plus encore, un roi et un sultan du désert, chacun à la tête d'un pays, voisins l'un de l'autre. Pour le moment, ils sont en paix, mais c'est une paix bien fragile.

Pour l'entretenir, chacun d'entre eux a pris l'habitude d'envoyer des cadeaux à l'autre. Des sacs pleins de pierres précieuses ou de perles, et toutes sortes de richesses.

Le roi fait apporter un jour au sultan un mystérieux coffre en or finement ouvragé et scellé hermétiquement. Le porteur a pour consigne de le remettre en main propre au sultan et de lui dire que lui seul doit l'ouvrir.

Le sultan est surpris, mais il se sent en même temps très honoré. Il se dit que le coffre doit sans doute contenir des pierres précieuses très rares ou des bijoux de très grande valeur.

Il l'ouvre donc… et est une nouvelle fois surpris : à l'intérieur, il n'y a qu'un tout petit morceau d'étoffe !

Le sultan est furieux. Ce cadeau, si l'on peut l'appeler comme ça, est comme une moquerie, un affront, et, pour lui, il est hors de question de laisser passer cela. C'est comme une déclaration de guerre et il donne donc l'ordre à ses sujets de préparer les armes et la nourriture nécessaires pour partir au combat.

Il est sur le point de se lancer dans cette campagne militaire quand l'un de ses conseillers, un homme très sage, l'arrête. Il a reconnu le morceau d'étoffe. C'est un objet magique : il a la capacité d'endormir tout animal sauvage qui s'approche de celui qui le porte sur lui. Et il ne lui faut pas bien longtemps pour prouver au sultan que c'est bien la vérité.

Le sultan comprend alors que c'est là le plus beau cadeau qu'on lui ait jamais fait et en est très fier.

Et, bien sûr, les deux royaumes deviendront alors très unis, réellement et pour longtemps, bien au-delà des apparences…

Les relations entre les entreprises, et souvent au sein d'une même entreprise, sont remplies de malentendus de ce type, d'interprétations aux conséquences désastreuses, souvent causés par des non-dits, des « fonctionnements à l'évidence » avec, en face, des réactions au quart de tour.

Mots-clés

Confiance/fidélité/authenticité/clairvoyance/éthique/profondeur/communication/considération/win-win.

Utiliser la notoriété des personnalités

« Les storytellers *seront les héros du* xxi*^e siècle. »*

ROLF JENSEN, FUTUROLOGUE

Quel est le lien entre Mozart, Kennedy, Walt Disney, Sanjit Bunker Roy, Richard Phillips et Miha Pogacnik ? Ce sont des personnalités. Pas des célébrités : c'est leur personnalité inspirante qui nous intéresse.

À l'école de Mozart

Nous sommes dans les années 1780, à Vienne, en Autriche. Mozart, compositeur prodige, accepte de prendre sous son aile un étudiant. Ils travaillent pendant quelque temps ensemble. Et un jour après avoir achevé de manière satisfaisante un travail théorique de composition, l'étudiant demande à Mozart s'il doit passer à la pratique et écrire quelque chose. Mozart lui propose alors d'écrire un menuet (un petit morceau de musique pour piano). L'étudiant est un peu vexé et rappelle, du coup, à Mozart que lui-même a écrit une symphonie bien avant l'âge de l'adolescence. Et Mozart lui répond : « Ah oui, mais je n'ai jamais demandé d'autorisation à quelqu'un ! »

Aller de l'avant, ne pas attendre d'y être invité…

Mots-clés

Initiative/action/engagement/volonté/potentiel/personnalité/charisme.

© Groupe Eyrolles

Le sacrifice de Kennedy

John Fitzgerald Kennedy, le célèbre président américain, a déclaré un jour : « *Il y a des risques et des coûts dans un plan d'action, mais ils sont beaucoup moins élevés que les risques et les coûts à long terme d'une inaction confortable*[1]. » Kennedy est mort assassiné, en partie pour les idées qu'il voulait mettre en œuvre. Il ne savait pas forcément qu'il y perdrait la vie, mais il était bien conscient qu'il s'attaquait à des gens prêts à tout pour préserver leurs acquis.

Moralité : le coût à payer à long terme de son éventuelle inaction aurait été encore bien plus lourd que la mort.

C'est un exemple extrême, mais il a le mérite de nous faire réfléchir.

Mots-clés

Engagement/action/risques/détermination/crise/choix.

Une langue authentique

J'ai entendu parler d'une femme chef d'entreprise. Elle dirige une entreprise de fabrication de cuisines leader sur son marché en France, avec des marques très médiatisées. C'est déjà suffisamment rare pour qu'on en parle, mais ce n'est pas ce qu'il y a de plus surprenant chez elle. Car, je pense qu'il est encore plus rare de voir une femme chef d'une grande entreprise, opérant dans un secteur très traditionnel… avec un piercing sur la langue des plus « tendance ». Tendance, oui, mais pas dans l'univers dans lequel elle évolue ! Cette entreprise est le Groupe qui exploite les marques Cuisines Schmidt et Cuisinella, et sa dirigeante se nomme Anne Leitzgen. Elle n'en fait pas étalage, de

---

1. Les circonstances dans lesquelles il a prononcé cette phrase restent cependant un mystère.

© Groupe Eyrolles

son piercing, certains de ses interlocuteurs ne l'ont peut-être jamais remarqué, mais en tout cas, elle ne le cache pas.

On peut exercer une fonction, avoir un rôle, et être soi-même, en même temps.

Mots-clés

Leadership/authenticité/originalité/personnalité/culture/charisme.

L'université des va-nu-pieds

Avez-vous déjà entendu parler de Sanjit Bunker Roy ? C'est un Indien. La conférence qu'il a donnée au TED Talk 2011 a été visionnée plus de 4,5 millions de fois sur Internet. Sanjit Bunker Roy est né dans une famille très aisée. Il a suivi des études qui auraient pu le mener au sommet, il a même été champion d'Inde de squash, sport important dans ce pays. Il avait donc le choix d'un destin doré. Mais un jour, il a choisi une autre voie : celle de venir en aide aux habitants les plus pauvres de son pays… Et, depuis, il a étendu son action bien au-delà, partout dans le monde. Et d'une façon très originale ! Pas en donnant de l'argent, ni même juste du temps.

Non, il a créé l'université des va-nu-pieds. En apparence, c'est du déjà-vu : éduquer des populations pauvres… Mais en apparence seulement : l'université des va-nu-pieds forme des villageois parmi les plus démunis qui soient dans un but précis : qu'ils puissent amener leur communauté jusqu'à l'autosuffisance. L'université des va-nu-pieds leur apprend donc à mener à bien des projets d'énergie solaire, d'approvisionnement en eau… Elle a même déjà formé des grands-mères africaines et de l'Himalaya, pour qu'elles deviennent… ingénieurs spécialisés dans le solaire, afin que leur village puisse enfin bénéficier de l'électricité !

Il faut agir dans le bon sens, oui, mais pas aveuglément : de manière ciblée, comme Sanjit Bunker Roy.

Mots-clés

Clairvoyance/progrès/challenge/collaboration/efficacité/intelligence/humilité/sens du service/compréhension/accessibilité/compétence/entreprise apprenante/knowledge management/réseau/win-win.

La sandale de Gandhi

Vous connaissez Gandhi ? Le grand sage, le père de l'indépendance de l'Inde. Il doit un jour prendre le train. En montant dans le wagon, il perd l'une de ses sandales. Elle glisse juste entre le marchepied du wagon et le bord du quai.

Impossible de la récupérer.

Que fait alors Gandhi ?

Eh bien, il enlève sa seconde sandale et la jette de lui-même entre le quai et le marchepied, le plus près possible de la première.

Il se tourne ensuite vers les gens qui l'accompagnent en disant : « Si quelqu'un trouve cette sandale, elle ne lui servira à rien. Par contre, si cette personne trouve les deux, là, elles lui seront vraiment utiles. »

Quand on a perdu la moitié d'une bataille, choisir de la perdre totalement peut être une victoire.

Mots-clés

Générosité/lucidité/partage/utilité/comportement/mesure.

Capitaine courage

Souvenez-vous : il y a quelques années, un cargo américain, le Maersk Alabama, a été pris d'assaut par des pirates somaliens. Banal ? C'est un bateau attaqué parmi tant d'autres, dans cette partie du monde. Non, parce que, dans cette histoire, un personnage inattendu est venu nous donner une leçon de leadership. Le capitaine du navire : un certain Richard Phillips.

Lorsque le bateau, dont l'équipage ne possédait aucune arme, a été pris d'assaut par les pirates qui, eux, en avaient plus qu'il n'en fallait, le capitaine Phillips s'est surtout intéressé à la sécurité de ses marins. En se laissant prendre en otage – ce sont les marins qui le diront –, le capitaine a risqué sa vie pour sauver les leurs. Le même équipage sera d'ailleurs fou de joie lorsque son capitaine, libéré, pourra le rejoindre.

Réfléchissons. Les patrons à la tête de navires, les pirates tout autour sur les vastes mers de l'économie… Simpliste, comme analogie ? Combien d'« équipages » de ces entreprises croient que leur capitaine leur ôterait le poids d'une partie des risques qui pèsent sur eux, pour le porter à leur place ? Combien d'équipages croient que l'objectif de leur capitaine est de préserver leur sécurité ? Qu'est-ce qui pourrait leur prouver qu'ils sont dans le vrai ou le faux ?

Mots-clés

Leadership/courage/empathie/engagement/fiabilité/mérite.

La musique qui vient de l'intérieur

Miha Pogacnik est slovène et c'est un virtuose du violon. Il a joué dans les salles de concert les plus prestigieuses à travers le monde. Mais l'endroit qui a été pour lui son plus grand défi est la cathédrale de Chartres. C'est un monument magnifique, il est même inscrit au patrimoine mondial de l'Unesco. Quand Miha Pogacnik en parle, ce n'est pas banal. Il dit que la première fois qu'il y a donné un concert, alors qu'il était très jeune, il a commencé par faire ce qu'il faisait d'habitude : jouer du violon, de l'instrument qu'il avait entre les mains. Mais, comme il le dit lui-même, il s'est rapidement aperçu que cela ne suffisait pas. Pour jouer vraiment bien dans ce lieu, il faut jouer avec lui : il faut que la cathédrale devienne le violon. Évidemment, cela ne peut pas se faire physiquement : une cathédrale n'est matériellement pas un instrument de musique. Miha Pogacnik dit qu'il a réussi à jouer de la cathédrale de Chartres en se mettant à l'écoute de ce lieu, en se créant ensuite son propre environnement de jeu, purement intérieur, comme si l'endroit physique où il était installé, à un endroit précis de la cathédrale, était un détail sans importance… Quel est l'intérêt de tous ces efforts ? À l'arrivée : on obtient une musique qui vient vraiment de l'intérieur.

Il y a quelque chose à en retenir, même pour ce cadre très différent du monde de la musique qu'est l'entreprise. La leçon, c'est qu'il faut pouvoir aller au-delà des outils que nous utilisons. Il faut pouvoir les appréhender au-delà de leurs fonctionnalités officielles, telles qu'elles sont inscrites dans le « mode d'emploi ». Il faut creuser en profondeur. Il n'y a pas d'autre façon d'agir pour en tirer un profit maximal.

Mots-clés

Exploration/sens/vision/intuition/résonance/ambiance/aptitudes.

Le discours

On n'a pas forcément besoin d'être issu d'une grande école prestigieuse pour avoir de grandes idées prestigieuses.

Voici le début du discours d'un homme qui a eu de grandes idées dans sa vie, lors de la cérémonie de remise des diplômes d'une grande université américaine :

« Je suis très heureux d'être parmi vous, pour cet événement, la cérémonie de remise des diplômes de l'une des universités les plus réputées du monde.

Je n'ai jamais été diplômé d'une université. Pour dire la vérité, le seul jour où j'ai vraiment été proche d'un diplôme, c'est aujourd'hui ! »

Cela s'est passé en 2005, à l'université de Stanford aux États-Unis. Et cet homme, c'était Steve Jobs, le fondateur d'Apple. Il a quitté très tôt l'Université, vraiment très rapidement, pour suivre ses idées. Cela a fonctionné parce qu'il avait, justement, des idées. Et pas vraiment de préjugés.

Ce jour-là, à Stanford, il a terminé son discours sur ces mots : « Soyez affamés, soyez fous ! »

Mots-clés

Audace/innovation/différence/diversité/volonté/choix/charisme/ communication/culture/potentiel.

Davy et Walt

Davy Crockett est l'une des productions les plus fameuses et les plus réussies des studios Walt Disney.

Pourtant, sa réalisation a été chaotique. À un moment, la production accusait trois semaines de retard sur le planning. Pour un film, c'est énorme ! Le réalisateur commençait à paniquer. Il essayait de faire de ce film un beau produit, mais, en même temps, il faisait perdre de l'argent aux studios, du fait de ce satané retard. Un jour, il sentit le couperet vraiment très près de sa tête : Walt

© Groupe Eyrolles

Disney en personne était annoncé pour une visite-inspection sur le tournage, dès le lendemain. Le réalisateur en était sûr : il allait se faire virer ! C'était même inévitable, et à la limite normal.

La veille de la visite, il dit donc au revoir à toute l'équipe ainsi qu'aux acteurs, avec la boule qu'on imagine au ventre.

Le lendemain matin, une longue Cadillac noire s'arrêta devant le lieu du tournage. Le réalisateur était tout occupé à mettre au point ses tout derniers plans, sa toute dernière contribution pour le film et quand on lui dit : « Walt est là ! » il ne s'interrompit même pas.

Walt Disney resta à une petite distance, et regarda le réalisateur travailler. Puis il s'avança vers lui et le salua. Le réalisateur fit de même et… le silence s'installa.

Au bout d'un moment, le réalisateur prit son courage à deux mains et demanda : « Alors, qu'est-ce que vous en pensez ? »

Walt Disney répondit : « Bien, sauf une chose. »

Le réalisateur se dit : « Ça y est, ça va être ma fête ! »

Walt Disney ajouta : « La fermeture éclair sur le costume de l'ours, on la voyait. Il faut tourner à nouveau cette scène. »

Le réalisateur ne sera pas viré…

Walt Disney s'était rendu compte que le film tenait la route. Il avait compris que l'équipe était en train de faire un travail qui était tout sauf standard, et que, pour parvenir à un résultat exceptionnel, il fallait un peu plus de temps que d'habitude.

Et dans notre univers, notre entreprise, est-ce réellement différent ?

Mots-clés

Performance/patience/clairvoyance/observation/temps/processus/considération/attente.

© Groupe Eyrolles

Le mauvais livre de Keynes

Le nom de John Maynard Keynes vous dit sans doute quelque chose. Il est considéré comme le plus grand économiste du monde moderne. Keynes a réussi à inspirer le monde longtemps encore après sa mort, juste après la Seconde Guerre mondiale, des sociaux-démocrates aux libéraux, tous bords politiques confondus. C'est déjà un exploit.

Et avec quoi les a-t-il inspirés, ces décennies de choix politiques, de décisions économiques ?

Avec un livre : un livre considéré par tous les spécialistes comme étant… très mal écrit et vraiment très mal construit. Sa *Théorie générale de l'emploi, de l'intérêt et de la monnaie*, parue en 1936, était même difficile à lire, en plus ! C'est pourtant devenu la bible des plus grands économistes…

Nous avons trop souvent tendance à nous arrêter à l'emballage des choses, et à considérer le fond comme étant sans valeur si l'emballage est décevant : c'est un tort et Keynes nous le montre bien.

Mots-clés

Profondeur/apparences/valeur.

Les fils de Thomas Edison

Thomas Edison est l'inventeur de l'une des plus belles prouesses technologiques de tous les temps : l'ampoule électrique. Une ampoule, cela n'a l'air de rien, mais Thomas Edison a eu tout le mal du monde à trouver le bon matériau qui formerait les filaments de l'ampoule. En fait, il en a testé 2 000 différents et, à chaque fois, il a échoué. C'en était au point que son assistant lui avait dit un jour, complètement désespéré : « *Nos efforts ne servent à rien ; nous essayons de faire des choses, et nous n'en apprenons rien*[1]. »

Et là, Thomas Edison avait pris son air le plus confiant qui soit et lui avait répondu : « *Oh que si ! Nous avons beaucoup avancé, et nous avons beaucoup appris. Nous savons maintenant qu'il y a 2 000 composants avec lesquels nous ne pouvons pas fabriquer une bonne ampoule électrique*[2]. »

C'est ce qui s'appelle tisser les fils du succès !

Mots-clés

Positivisme/persévérance/innovation/temps/solution.

Le chirurgien du rock

Enzo Jannacci est un peu le Johnny Hallyday italien. Enfin, était, parce qu'il est mort il y a peu de temps. C'est le père du rock italien.

À part le fait qu'il est mort, il a une autre différence essentielle avec notre Johnny national. Tout en étant un rockeur à succès, connu dans toute l'Italie, c'était aussi un… chirurgien, spécialisé dans les opérations du cœur ! Il a même fait partie de l'équipe de l'un des pionniers américains de la chirurgie cardiaque.

Oui, et c'est complètement vrai : ce n'est pas une image construite pour la télé et les journaux. Rien à voir avec un coup de pub : tout au long de sa carrière de rockeur, Enzo Jannacci a poursuivi en même temps sa carrière de chirurgien.

---

1. Thomas Edison est réputé avoir raconté cela à un journaliste, après son invention, en 1879.
2. *Idem.*

Tout est une question d'équilibre. Tout est aussi une question de perception des autres : nous avons tendance à cataloguer les gens, les collègues, les partenaires, les clients dans des cases uniques… et inexactes. Nous nous privons alors de compétences et d'opportunités, sans même nous en rendre compte.

Mots-clés

Ouverture d'esprit/perspicacité/diversité/polyvalence/équilibre/aptitudes/plaisir/choix.

La fascination des grandes découvertes

« L'esprit humain comprend d'autant mieux les faits qu'ils sont façonnés, liés dans une construction conceptuelle, comme une carte mentale, ou une histoire. »

STEVEN PINKER, PSYCHOLOGUE

Les trouvailles scientifiques, petites ou grandes, ont toujours eu le pouvoir, unique, de nous subjuguer.

Six degrés de séparation

Connaissez-vous la théorie des six degrés de séparation ? Eh bien, elle nous dit qu'entre deux personnes, n'importe qui, n'importe où, ou même entre deux choses, il y a au maximum six niveaux de séparation. C'est-à-dire, pour les personnes, qu'avec une chaîne d'« amis d'amis » au nombre de six, il est possible d'entrer en contact avec n'importe qui dans le monde.

Cette théorie a été testée par de nombreux scientifiques, dont Stanley Milgram, l'un des psychologues les plus importants du xxe siècle. [Il est très connu pour sa fameuse expérience de « soumission à l'autorité » : vous savez, celle qui consiste à demander à une personne d'en soumettre une autre à des décharges électriques (de fausses décharges, mais il ne le sait pas) toujours plus fortes… Jusqu'à, théoriquement, des décharges mortelles. Mais ceci est une autre histoire.]

L'expérience qui nous intéresse ici a consisté à confier à 160 habitants d'une ville des États-Unis, choisis au hasard, la mission de remettre un colis à une personne précisément identifiée, localisée à l'autre bout du pays. Évidemment, cette personne leur était totalement étrangère.

Résultat : la plupart des 160 cobayes ont réussi leur mission, *via* six intermédiaires au maximum.

Le monde est petit.

Mots-clés

Proximité/aisance/défi/ressource/simplicité/potentiel/réseau.

Robots humains

Saviez-vous qu'entre les hommes et les robots, il y a des relations très étranges ? Masahiro Mori, un chercheur japonais en robotique, est même devenu célèbre en 1970, quand il a identifié une forme de relation très particulière qu'il a appelée « la vallée mystérieuse ».

En fait, plus les robots ressemblent aux êtres humains, plus ces derniers les apprécient, mais seulement jusqu'à un certain point.

Quand ils leur ressemblent beaucoup, mais pas à la perfection, les êtres humains ont une réaction de répulsion très forte. Elle ne se gomme qu'à partir du moment où il devient impossible de distinguer le robot de l'homme. Cette répulsion laisse alors place à une vraie empathie.

Moi, cela me rappelle la façon dont nous fonctionnons dans nos équipes, et il y a beaucoup à méditer sur ces robots humains qu'on voudrait modeler à notre image…

Mots-clés

Unité/équipe/relations/qualité/entreprise apprenante.

Le test du T-shirt

Il y a parfois des expériences dont les résultats étonnent même les plus pointus des scientifiques qui les mènent.

Par exemple, cette expérience menée par des chercheurs en psychologie sociale américains. Leur objectif était de vérifier la notion d'« effet projecteur », c'est-à-dire la focalisation des regards des autres sur soi.

Ils ont donc demandé à un certain nombre de personnes de porter, pendant une journée, des T-shirts sur lesquels seraient imprimées des images véritablement étonnantes, et même très dérangeantes : une photo d'Adolf Hitler avec un acteur comique, Martin Luther King avec un animateur d'émission de téléréalité…

Et les cobayes ont porté ces T-shirts pendant une journée.

Le lendemain, les chercheurs ont mené leur enquête, en questionnant toutes les personnes qui avaient été en contact avec les

© Groupe Eyrolles

cobayes. En fait, ils leur ont posé une seule et simple question :
« Avez-vous remarqué le T-shirt ? »

Ils pensaient qu'ils allaient obtenir un taux de réponses positives proche des 100 %, voire même de 100 %. Il n'en a rien été : seuls 50 % des gens avaient remarqué ces T-shirts pourtant si particuliers !

En entreprise aussi, l'apparence ne fait pas le leader.

Mots-clés

Attention/leadership/apparences/impact/humilité/reconnaissance/originalité.

L'expertise n'est pas toujours là où on l'imagine

Vers la fin des années 1990, quinze habitants de Boston, aux États-Unis, ont été réunis pour étudier les enjeux des télécommunications comme source de progrès.

Il y avait là un sans-abri, un cadre du secteur des hautes technologies, un fermier à la retraite, un jeune diplômé…

Pendant plusieurs week-ends, ils ont eu droit à des lectures et des présentations de base concernant toutes les dimensions de ces enjeux. Ils ont ensuite écouté dix heures de témoignages d'experts, puis ils leur ont posé des questions.

Après avoir délibéré, tous les quinze ensemble, ils ont écrit des recommandations, judicieuses, toutes simples ou plus ambitieuses et de long terme.

Ces citoyens ordinaires en savaient alors plus sur le sujet que le parlementaire moyen appelé à voter des lois sur ces mêmes thèmes !

L'expertise n'est pas un statut, c'est une compétence.

© Groupe Eyrolles

Mots-clés

Leadership/connaissance/influence/qualité/accessibilité/entreprise apprenante.

Qui de l'œuf ou de la poule...

Ce sont des scientifiques anglais (et écossais) qui ont fait cette découverte, pas des pseudo-scientifiques, des vrais, de la Sheffield University en Angleterre et de l'Edinburgh's Warwick University en Écosse.

La poule est apparue avant l'œuf ! Et hop, une énigme de résolue.

Bon, pour la petite histoire, les scientifiques en question ont utilisé un superordinateur, qui a étudié sous toutes les coutures une coquille d'œuf pour en arriver à la conclusion qu'une protéine cruciale pour le développement de l'œuf ne se trouve localisée que dans le corps de la poule. C.Q.F.D. Et peu importe finalement que cette info soit, un jour proche ou lointain, démentie par d'autres, car là n'est pas le cœur de son intérêt.

Le plus intéressant est que les chercheurs voient également dans cette découverte des pistes pour l'invention-création-fabrication de nouveaux matériaux, fondés sur le fonctionnement de cette protéine qui a visiblement un rôle de catalyseur.

Par contre, cela soulève une autre question : d'où vient alors la poule ? À part de l'autre côté de la route ?

Mots-clés

Persévérance/exploration/challenge/progrès.

Effet de masse

Il y a une expérimentation très connue dans le domaine de la psychologie : l'étude de Robbers Cave. Elle s'est déroulée dans le cadre d'un camp d'été pour adolescents, dans le parc régional de Robbers Cave, aux États-Unis. Cette étude est un grand classique.

Des garçons de 11 à 12 ans, issus de milieux plutôt aisés, homogènes en tout cas, ont été rassemblés dans ce camp et séparés en deux groupes. Comme ils n'avaient pas beaucoup d'imagination, l'un des groupes s'est donné comme nom « Les Aigles », et l'autre « Les Serpents à sonnette ». Après tout, pourquoi pas… Chacun des groupes a développé ses propres valeurs, sa propre culture, une grande solidarité entre ses membres et une grande hostilité à l'égard de l'autre groupe. Les valeurs des « Aigles » étaient : une vie saine, le bannissement des gros mots, un respect mutuel… Ils voyaient les « Serpents à sonnette » comme étant malpropres, mal élevés, violents. « Les Serpents à sonnette », de leur côté, voyaient « Les Aigles » comme des « gentils fils à papa ».

Les enfants sont durs entre eux. Et ce fut même l'escalade : l'hostilité a vite laissé la place à des agressions physiques, des insultes…

Tout ce qui aurait pu remédier à la situation a été tenté : des pourparlers entre des ambassadeurs de chaque groupe, des olympiades mixant les groupes, un repas en commun, une sortie au cinéma, la venue d'un prêtre… Tout a échoué !

Voici ce qui a fonctionné.

Le psychologue qui avait lancé l'étude réunit alors tous les adolescents et leur indiqua que des personnes extérieures au camp avaient coupé l'arrivée d'eau, et qu'il fallait à présent protéger le camp contre ces éventuels intrus. Et c'est cet objectif commun qui a été le seul à pouvoir les réunifier, contre un ennemi commun également.

Comme quoi, aussi, il en faut peu pour créer un groupe qui sera soudé et prêt à agir.

Mots-clés

Esprit d'équipe/fidélité/appartenance/challenge/communauté/honneur/loyauté.

La malédiction du savoir

La malédiction du savoir, ou revers de connaissance, est ce que les psychologues appellent un biais cognitif.

De quoi s'agit-il exactement ?

Une expérience a été menée dans une université américaine. Deux groupes de personnes ont été formés : l'un baptisé « les tapoteurs », l'autre « les auditeurs ».

Les « tapoteurs » ont été chargés de tapoter des doigts sur une table l'air d'une chanson très connue, vraiment très connue : par exemple « *Happy birthday to you…* », et d'autres tout aussi populaires.

Les « auditeurs » étaient juste chargés d'écouter et de deviner l'air.

L'expérience a porté sur 120 chansons.

Seules trois d'entre elles ont été reconnues par les auditeurs : soit un taux de réussite ridicule de 2,5 %.

Avant de lancer cette phase, les psychologues à l'origine de l'expérience avaient demandé aux « tapoteurs » de prédire le taux de réussite à venir. Ils avaient parié sur un taux de 50 % minimum.

Que s'est-il passé ?

Quand un « tapoteur »… tapotait un air, c'était un air qu'il pouvait entendre dans sa tête à lui. Mais, pour les auditeurs, ce n'était que des bruits discontinus, sans sens particulier.

C'est pareil dans le monde de l'entreprise. Nous sommes souvent pris dans notre jargon, nos abréviations, bref notre langage technique, qui n'est compréhensible que par très peu de personnes à part nous-mêmes.

Mots-clés

Ouverture/simplicité/empathie/communication.

Les cellules d'Henrietta Lacks

Les chercheurs utilisent des cellules humaines « cultivées » en laboratoire pour explorer les imbrications des cellules entre elles, et tester des pistes de causes et de traitement des maladies. Sans être expert, j'ai compris que ces cellules se reproduisent à l'infini, elles sont immortelles en fait. Elles peuvent être reproduites, conservées, congelées pendant des années, partagées entre des chercheurs du monde entier… Sans cela, il serait impossible pour la médecine d'accomplir tous ses progrès.

Tout cela pour dire que la toute première lignée cellulaire humaine immortelle a été créée dans un hôpital aux États-Unis en 1951.

C'est grâce à Henrietta Lacks. Glorieuse inconnue. C'était une ouvrière agricole, qui travaillait dans la culture du tabac. On lui a diagnostiqué un cancer du cerveau à l'âge de 30 ans.

Sans qu'elle le sache, un médecin préleva un morceau de sa tumeur et le transmit à ses collègues. Ces cellules d'Henrietta Lacks ont survécu. Elles ont même été essentielles pour trouver le vaccin contre la polio. Elles ont participé aux premières missions spatiales pour étudier comment elles se comportaient dans un tel environnement. Clonage, cartographie génétique, fertilisations *in vitro*… Encore les cellules d'Henrietta Lacks.

Le secret, quand on fait une découverte, est de savoir l'exploiter jusqu'au bout.

Mots-clés

Exploration/résultat/persévérance/progrès.

La très grande connexion

Le 22 octobre 1993, un grand quotidien national français titre :
« General Magic invente la très grande connexion[1]. » General
Magic était une start-up fondée par des anciens d'Apple. En 1993,
elle a inventé un mix entre le PDA et le *cloud computing* !

« *Un communicateur de poche, à la fois téléphone, fax et ordinateur* »,
comme le disait le journal à l'époque. On pouvait envoyer des
messages avec relance automatique des destinataires s'ils ne les
avaient pas lus. Envoyer des requêtes à des bases de données.
Programmer l'achat d'un billet pour un concert…

Et alors, pourquoi cette formidable invention n'est-elle pas devenue
un standard, et la géniale entreprise qui l'a créée une star ?

Les consommateurs auraient sans doute fait de General Magic leur
Apple et de ses patrons leur Steve Jobs… Mais quelque chose n'était
pas prêt : le réseau. Pas encore assez performant : pas de 4 ni de 3G…
General Magic était peut-être magique, mais n'a pas fait d'étincelles :
l'entreprise fermera définitivement ses portes en 2002. Récemment,
un journal américain titrait à propos de General Magic : « La plus
importante mort d'entreprise de la Silicon Valley[2]. »

Une bonne idée ne suffit pas pour faire d'une innovation un succès : il
faut en plus que les fournisseurs d'infrastructures et de services dont
dépend votre réussite aient, eux aussi, de bonnes idées, qu'ils innovent !

---

1. *Libération.*
2. *Forbes*, septembre 2011.

© Groupe Eyrolles

Mots-clés

Innovation/adaptation/échec/accessibilité/potentiel.

De la plage au ski

Chez 3M, ils savent que les innovations ne naissent pas toutes seules. Le Scotch, les Post-it : rien de tout cela n'a été trouvé par hasard.

Voici comment a été trouvée une autre de ces innovations 3M.

Dans sa gamme de produits, l'entreprise a des absorbants très performants. Ils sont notamment utilisés pour le nettoyage des plages quand il y a des marées noires. Et comme les bénévoles qui nettoient les plages sont exposés aux quatre vents, il n'est pas rare que le froid soit pour eux un sérieux handicap. Eh bien, ils se sont aperçus que les absorbants qu'ils utilisaient étaient de très bons isolants, et que s'ils s'en recouvraient le corps, ils avaient nettement moins froid.

Un représentant de 3M en avait été témoin. Il était venu pour se rendre compte de l'efficacité de ses produits de lutte contre les marées noires sur la plage où les bénévoles avaient justement découvert ces propriétés insoupçonnées.

Aujourd'hui, cet absorbant a donné naissance à un nouveau textile pour vêtements… de ski. *Made in 3M.*

On n'a pas forcément besoin de se lancer dans de grandes recherches pour trouver des innovations. L'observation de l'existant peut aussi nous y mener.

Mots-clés

Observation/innovation/simplicité.

© Groupe Eyrolles

Le déni de contradiction

Il y a une théorie en psychologie : la dissonance cognitive. En réalité, c'est plus qu'une théorie puisque des expériences ont été menées pour la vérifier.

Voici l'une de ces expériences, un grand classique, vous pouvez même la reproduire sans trop de difficultés. Voici donc. Confiez à deux groupes de personnes une tâche particulièrement ennuyante. Payez l'un des groupes 20 euros/membre pour ce travail, et ne payez que 1 euro/membre l'autre groupe.

Si vous demandez ensuite à chacun des membres des deux groupes ce qu'ils ont pensé de cette tâche, que croyez-vous qu'ils répondront ?

On pourrait croire que le groupe qui a reçu 20 euros/membre en sera très satisfait. Eh bien non. Ses membres diront que la tâche était très ennuyeuse, et qu'ils ne l'ont accomplie que pour les 20 euros. Le groupe qui n'a reçu que 1 euro/membre, par contre, déclarera que c'était intéressant et qu'il a beaucoup appris de ce travail.

C'est l'œuvre de la dissonance cognitive. Exposés à une contradiction (travail ingrat – 1 seul tout petit euro), nous avons tendance à vouloir nous en débarrasser au plus vite, quitte à nous raconter des histoires à nous-mêmes, à vouloir justifier ce qui ne peut l'être.

Et voici une autre histoire, qui illustre la même théorie de la dissonance cognitive.

Un chercheur a suivi un groupe de personnes persuadées que la fin du monde était imminente. Elles avaient tout abandonné : leur maison, leur travail, liquidé tous leurs biens… Et elles avaient gravi le sommet d'une montagne pour y attendre, donc, la fin du monde.

Évidemment, la fin du monde n'est pas venue.

Et comment croyez-vous que les adeptes de la fin du monde ont réagi ?

Ils ne se sont pas dit : « Comme je suis stupide ! » Ils se sont émerveillés : « C'est formidable ! En montant sur la montagne, nous avons réussi à retarder la fin du monde ! Nous avons fait exactement ce qu'il fallait. Nous n'aurions pas pu mieux faire. »

Mots-clés

Authenticité/éthique/lucidité/orgueil/illusion/choix.

Les ailes du papillon

On m'a parlé d'un homme qui a fait une découverte inattendue. Inattendue pour lui : en réalité, les scientifiques, eux, connaissent bien cette particularité des papillons.

Bref. En faisant du jardinage, cet homme tombe sur le cocon d'un papillon. Et il est tombé juste au bon moment : une petite ouverture venait de se faire dans le cocon. L'homme a alors abandonné ses travaux de jardinage et est resté, durant plusieurs heures, à contempler le papillon qui essayait de toutes ses forces de sortir du cocon.

Au bout d'un moment, il décide de l'aider un peu : il va chercher des ciseaux et coupe le bout du cocon pour élargir l'ouverture. Et le papillon arrive alors à sortir du cocon sans aucune difficulté.

Mais c'est un papillon qui n'a pas l'air très vaillant. Il n'est pas très beau non plus, d'ailleurs.

L'homme attend, il espère que le papillon va avoir son aspect final, avant de s'envoler...

Mais rien ne se passe. En fait, le papillon ne s'envolera jamais, il mourra là, sur place.

L'homme ne savait pas que les efforts du papillon pour sortir de son cocon étaient le moyen pour la nature d'amener le fluide du corps du papillon jusque dans ses ailes, pour lui permettre de prendre son envol.

Se battre est parfois la seule solution pour pouvoir devenir fort.

Mots-clés

Force/préjugés/compétition/prudence/compréhension/compétence/processus/temps.

Le test du potiron

Il y a parfois des expériences scientifiques qui laissent perplexe quant à leurs motivations.

Difficile de cerner les objectifs de celle-ci, mais elle a vraiment été menée…

L'expérience a consisté à placer des poids sur des potirons en pleine période de croissance, de façon progressive, jusqu'à la limite extrême de leur résistance.

Le plus gros des potirons avait, bien sûr, un traitement spécial : il accueillait des charges vraiment très lourdes, qu'un homme et même plusieurs n'auraient pas pu supporter.

À la fin de l'expérience, les scientifiques tranchèrent les potirons, sans aucune difficulté… sauf le plus gros : il était devenu aussi dur qu'un arbre de plusieurs centaines d'années. Seule une tronçonneuse pourra le trancher.

À quoi cela sert-il, de se développer trop rapidement ou trop fortement, si c'est pour ne plus avoir, au bout du compte, aucune souplesse ?

Mots-clés

Flexibilité/développement/équilibre/temps/processus.

D'illusion en illusion

Le père de la psychanalyse moderne Carl Gustav Jung avait un patient assez particulier.

Ce patient était un jeune homme sentimental, mais complètement englué dans un amour imaginaire. C'est-à-dire qu'il s'imaginait vivre une histoire d'amour avec une autre personne, une jeune fille. Ce qui n'était absolument pas la réalité !

Le jeune homme se trouve complètement et profondément dans sa fiction. Jusqu'à finir par s'apercevoir que son amour n'est pas réciproque. Il est alors complètement abattu. Il décide donc d'aller au bord d'une rivière pour s'y jeter, à la tombée de la nuit. Quand il arrive sur la rive, il voit les étoiles s'y refléter, et cela le distrait de ses idées noires. Il a aussi le sentiment que les étoiles lui parlent. Son désespoir commence à s'amoindrir et il oublie la femme qu'il désirait tellement. L'homme finit par se convaincre que les étoiles renferment un trésor particulier qui lui est destiné. Dans sa folie, il décide d'agir et se rend à l'observatoire d'astronomie le plus proche. Là, il se met à creuser au pied de l'édifice pour trouver le trésor promis. Et il finit, bien entendu, par se faire arrêter par la première patrouille de police venue.

Bien (trop) souvent, quand nous nous faisons des illusions, et qu'une illusion est démasquée, plutôt que de nous remettre sur le bon chemin, nous nous réfugions dans d'autres illusions. Et, à la fin, le résultat ne peut être que négatif.

Mots-clés

Illusion/orgueil/obstination/imagination/chaos/crise.

L'erreur d'attribution

L'erreur fondamentale d'attribution est un autre de ces principes essentiels que les psychologues ont pu identifier à force de faire des expériences.

Voilà l'expérience.

Deux personnes doivent être, l'une, l'intervieweur, et l'autre, l'interviewé. Ces deux personnes ne se connaissent pas. Les rôles sont tirés au sort, et l'intervieweur doit ensuite tirer au hasard des cartes comportant des questions, et les poser.

Question 1 : « Quel est le nom de mon chien ? » Réponse évidente de l'interviewé : « Je ne sais pas. » Question 2 : « Dans quelle ville suis-je né ? » Même réponse. Etc.

Il y a une troisième personne dans cette expérience : un observateur. Et les psychologues lui demandent : « De ces deux personnes, laquelle est la plus intelligente ? » Eh bien, l'observateur estimera quasiment toujours que c'est l'intervieweur. Sans tenir véritablement compte de la nature des questions…

L'erreur fondamentale d'attribution nous fait surattribuer des choses à la personnalité des gens et sous-estimer l'importance du contexte et de la situation.

Mots-clés

Perception/apparences/réalisme/authenticité/préjugés/connexion/ perspicacité/lucidité/personnalité.

Les singes conformistes

C'est une expérience scientifique. Elle a consisté à mettre cinq singes dans une cage, à suspendre une banane au sommet de la cage et à installer un petit escalier menant à la banane.

© Groupe Eyrolles

Très rapidement, un singe s'engage sur les marches pour chercher la banane. À ce moment, un jet d'eau froide s'abat sur tous les singes. Un deuxième singe s'engage : même résultat.

Que se passe-t-il ensuite ? Chaque fois qu'un singe essaie de grimper le long des marches, les autres l'en empêchent.

L'eau a ensuite été coupée et l'un des cinq singes a été remplacé par un nouveau singe, qui n'avait pas été témoin de l'expérience.

À sa grande surprise, lorsqu'il essaie de chercher la banane, tous les autres singes l'attaquent. Même résultat lorsqu'un deuxième nouveau singe est introduit, avec la participation à l'attaque du premier nouveau singe. Et ainsi de suite. Les nouveaux singes attaquent le pauvre gourmand, sans même savoir pourquoi. Jusqu'à ce qu'aucun singe du groupe de départ ne soit plus présent dans la cage… Et là, plus aucun singe n'essaie d'attraper la banane.

Pourquoi ? Parce que, pour autant qu'ils le sachent, c'est toujours comme cela que les choses ont fonctionné dans ces lieux.

Mots-clés

Conformisme/traditionalisme/statu quo.

Revisiter les anecdotes historiques

> *« Les gens croient qu'ils façonnent des histoires.*
> *En réalité, ce sont les histoires qui les façonnent. »*
>
> TERRY PRATCHETT, ROMANCIER

On a tendance à confondre Histoire et histoires. Mais l'Histoire ne donne pas toujours de bonnes histoires. Parfois, pourtant, les deux se rejoignent, et le résultat est alors très inspirant.

© Groupe Eyrolles

Le coureur de vin

En 1784, la reine Marie-Antoinette a créé une charge, une fonction, un titre (on peut l'appeler comme on veut) très particulier. C'était la charge de « coureur de vin ». À première vue, cela a l'air plutôt intéressant. On imagine plein de choses derrière cet ensemble de mots.

Mais, à vrai dire… Un « coureur de vin » ne faisait pas grand-chose… à part suivre la reine chaque fois qu'elle se déplaçait, avec, toujours à portée de main, un panier rempli de victuailles accompagnées d'une flasque de vin.

L'un des plus grands défis que nous pouvons avoir dans l'entreprise est de ne pas devenir des coureurs de vin et de ne pas se contenter de beaux titres, mais préférer l'action.

Mots-clés

Ambition/vision/action/initiative.

Au pied de la lettre

La guerre de Cent Ans, ça rappelle des souvenirs de cours d'histoire…

Mais vous souvenez-vous qu'en réalité, elle n'a pas duré cent ans, mais cent seize ans (entre l'an 1337 et 1453). Et pour la fin officielle de la guerre, il faut même rajouter encore vingt ans. La France et l'Angleterre se sont battues l'une contre l'autre pendant la guerre de Cent Ans, avec tout de même quelques trêves en cours de route ! Peu importent les raisons de cette guerre, car ce n'est pas pour cela que je vous fais ce petit rappel historique.

Ce que je veux vous dire, c'est qu'il faut savoir relativiser les chiffres, ne pas les prendre au pied de la lettre. Prenons-les pour ce qu'ils sont : des indicateurs ; ils ne sont pas porteurs de sens de par leur nature. C'est à nous de leur donner du sens.

Mots-clés

Clairvoyance/relativisme/équilibre/compréhension/temps.

Chat alors !

Vous avez sans doute entendu parler des grandes épidémies de peste qu'a connues la France, dans les siècles passés, et plein d'autres pays d'Europe également.

À l'époque, les gens attribuaient ce mal à l'action du diable, par superstition. Et quel animal est le plus assimilé au diable ? Le chat ! Les gens se sont donc mis à exterminer les chats… Ce qui n'a eu pour effet que de renforcer les épidémies : parce qu'on le sait bien, ce sont les rats qui propageaient la maladie. Et qui est l'ennemi mortel des rats ? Le chat…

Il arrive parfois que l'on se fasse de fausses idées, en cédant à la facilité, aux illusions, aux préjugés. On en vient alors à s'engager dans des projets qui ne font qu'aggraver la situation…

Mots-clés

Illusion/préjugés/échec/climat/culture.

Faire simple peut nuire

On a beaucoup parlé du Nord-Mali dans l'actualité récente. Cette pauvre terre de déserts balayés par les vents, célèbre pour ses nomades touaregs, a été au cœur d'une guerre dont nous avons eu du mal à comprendre les différentes dimensions, malgré l'engagement de soldats français sur le terrain.

L'une des causes les plus basiques de ce conflit est à rechercher dans une volonté de simplifier les choses à un moment de l'histoire.

En 1960, le Mali est devenu indépendant. Juste avant que cela n'arrive, en 1958, trois cents chefs de tribu et chefs religieux du nord du Mali, pas seulement des Touaregs mais tous les peuples présents sur ce territoire, s'étaient réunis et avaient cosigné une lettre adressée au général de Gaulle. Pour résumer, ils lui demandaient de ne pas intégrer leur territoire au futur État du Mali. Ils n'avaient rien de commun avec les Maliens du sud, ceux de la future capitale, Bamako, ni culturellement ni historiquement, ni sociologiquement. Ils n'étaient même pas noirs !

La lettre est restée… lettre morte. Elle n'a reçu aucune réponse.

Pour faire simple, on a intégré ce nord du Mali au nouvel État créé. Et on a ouvert la boîte de Pandore…

Mots-clés

Simplicité/mépris/conflit/solution/chaos.

2

Zénitude

En quelques années, le management zen est entré dans les mœurs. Parvenir à atteindre une certaine paix intérieure tout en faisant face aux situations de crise en est l'enjeu. Cette opposition entre le calme et la pression est fondamentalement du storytelling, puisque les histoires se nourrissent de conflits. Des histoires bien choisies peuvent permettre de partager cette attitude zen avec son auditoire, et cela va bien plus loin qu'être « relax » ou « cool ».

Trouver le chemin de la sagesse

> *« La vie serait terne sans les émotions.*
> *Nos émotions nous permettent de nous adapter,*
> *de nous préserver, de faire des choix.*
> *Elles guident nos comportements. »*
>
> Stéphane Rusinek, professeur de psychologie des émotions

Un peu de sagesse dans un monde de brutalité économique ? Non : un peu de sérénité salutaire.

Le moine et les randonneurs

Un homme décide de partir pour une grande, longue randonnée. Son idée est de faire étape de village en village.

En chemin vers l'un d'eux, il croise un moine, qui le salue très poliment.

Le randonneur en profite pour lui poser une question : « Je viens du village qui se trouve dans les montagnes. Pouvez-vous me dire si le prochain village est du même style ? »

Le moine lui répond : « Dites-moi donc, comment était-ce dans le village des montagnes ? »

« Affreux, lui dit le randonneur. Je n'ai pas été bien accueilli du tout. »

Le moine répond : « Je suis désolé, mais je crains que vous ne trouviez les mêmes désagréments dans le village de la plaine. »

Très déçu, le randonneur poursuit sa route.

Un peu plus tard, un second randonneur arrive et pose la même question au moine.

Et ce dernier lui demande aussi ce qu'il a vécu dans le village des montagnes.

« C'était merveilleux, lui dit le second randonneur. J'ai trouvé là des gens très accueillants avec le cœur sur la main. »

« Eh bien, répond le moine : je crois que vous trouverez le même accueil dans le village de la plaine. »

Et le second randonneur poursuit sa route avec un grand sourire.

La réalité est une question de point de vue, y compris dans les relations avec les collègues ou les concurrents.

Mots-clés

Positivisme/ouverture d'esprit/ambiance.

© Groupe Eyrolles

Le disciple

Le disciple très assidu d'un gourou traverse tous les jours un ruisseau pour recevoir les enseignements de son maître à penser. Un jour, il y a de fortes pluies, et le ruisseau se transforme en rivière.

Il n'y a plus moyen pour le disciple de rejoindre son maître, et le voici assis, la tête entre les mains, désespéré. Il est vraiment très assidu !

Une idée lui traverse soudain l'esprit : pourquoi ne pas invoquer l'aide du maître ? Hé oui !

Il se lève, et traverse la rivière en chantant : « Gourou, gourou, gourou… »

Le gourou est très impressionné.

Quand le disciple repart, il va jusqu'au bord de la rivière. Il se met à chanter : « Moi, moi, moi… » Il entre dans la rivière… et coule comme une pierre.

Être un leader, c'est bonifier les autres.

Mots-clés

Vanité/énergie/collaboration/engagement/motivation/mérite/aptitudes.

Les aveugles et l'éléphant

Six aveugles vivaient dans le même village, quelque part en Asie. Un jour, on vient leur dire qu'il y a un éléphant dans le village : un véritable événement !

Les aveugles sont tout heureux : même s'ils ne peuvent pas le voir, ils vont pouvoir le toucher et découvrir cet animal mystérieux.

Chacun va donc effectivement le toucher.

© Groupe Eyrolles

Le premier touche une patte de l'éléphant et s'écrie : « C'est comme un pilier ! »

Le deuxième touche sa queue et dit : « Pas du tout, c'est comme un bout de corde ! »

Le troisième touche sa trompe : « Absolument pas, c'est comme une grosse branche d'un arbre. »

Le quatrième touche une oreille : « On dirait plutôt un éventail ! »

Le cinquième touche le ventre de l'éléphant : « C'est un grand mur. »

Le sixième aveugle touche une défense et dit : « Mais non, vous avez tous tort, c'est comme si on touchait une grosse pipe ! »

Tous ont raison, mais tous ont tort. Aucun d'entre eux n'a accès à l'ensemble des informations. Alors, s'ils ne comparent jamais leurs observations et ne synthétisent pas les impressions qu'ils ont chacun, ils n'arriveront jamais à savoir à quoi ressemble l'éléphant.

Mots-clés

Collaboration/esprit d'équipe/connexion/entreprise apprenante/ réseau.

Le coq de combat

Dans certaines régions de Chine, les combats de coqs sont très populaires. Et les propriétaires de coqs de combat sont prêts à faire beaucoup d'efforts pour que leur poulain… enfin leur coq (!), devienne un champion.

Ils les confient même à des entraîneurs.

Un jour, l'un de ces propriétaires avait donc confié son coq à un entraîneur pour qu'il devienne plus féroce.

Quelques semaines plus tard, il va voir l'entraîneur pour se rendre compte des progrès réalisés. Il remarque assez vite que son coq crie moins fort (les coqs de combat crient plus qu'ils ne chantent !). L'entraîneur lui dit : « Il n'est pas encore prêt. »

Deux semaines plus tard encore, le propriétaire du coq voit que ce dernier lève maintenant à peine son cou et n'agite presque plus ses ailes. « Il n'est pas encore prêt », redit encore l'entraîneur.

Encore une semaine de plus, et le coq est à présent aussi inoffensif qu'un poulet !

Le propriétaire s'écrie : « Vous avez tué mon coq de combat ! »

« Pas du tout ! réplique l'entraîneur. Regardez comme il a l'air calme et sûr de lui. La sérénité est sa force. Les autres coqs s'enfuiront dès qu'ils le verront ! »

La force, ce n'est pas uniquement la puissance, c'est aussi l'influence.

Mots-clés

Performance/préparation/équilibre/contrôle/sérénité/leadership/charisme.

La sagesse des nomades

Vous savez que les déserts sont, entre autres, peuplés de tribus nomades. Toutes ces tribus parcourent de grandes étendues arides pour aller d'oasis en oasis. Mais savez-vous pourquoi ? Il est dans leur nature d'être nomades, c'est vrai. Mais en vérité, ce n'est pas par choix !

C'est que chaque oasis est très fragile, et ces tribus le savent parfaitement. La ressource en eau est très limitée dans une oasis. Alors, plutôt que de s'y installer pour longtemps et d'en profiter jusqu'à l'assécher, et se priver ainsi d'un refuge pour les temps futurs, leur sagesse les amène à se déplacer assez rapidement vers une nouvelle oasis.

Cela ne les empêche pas d'espérer trouver, un jour, une oasis dont les richesses leur permettraient d'y vivre pendant plusieurs années sans risque qu'elle se retrouve asséchée… Avant de se mettre à nouveau en route, quand même au bout d'un certain temps, à la recherche d'une nouvelle oasis. Et ainsi de suite…

Pour qu'un produit perdure, il faut gérer son cycle de vie.

Mots-clés

Sens de l'équilibre/prudence/contrôle/détermination/maîtrise/ persévérance.

Le voyage des moines

Deux moines zen sont en voyage. Les voilà qui arrivent sur les rives d'un cours d'eau. Il y a là une vieille femme qui ne parvient pas à franchir le cours d'eau toute seule.

Le moine le plus âgé la prend donc sur ses épaules et la transporte sur l'autre rive.

Et chacun poursuit son chemin.

Les moines ont repris leur marche depuis plusieurs kilomètres, quand le moine le plus âgé s'aperçoit que son compagnon de voyage semble préoccupé par quelque chose.

Il lui demande donc ce qui peut bien le tracasser au point de ne pas profiter de la tranquillité de cette marche qu'ils sont en train de faire pour méditer. Le moine plus jeune lui répond alors que, suivant leurs croyances, il ne leur était pas permis de poser les mains sur une femme. Or, le moine plus âgé, lui, est allé jusqu'à la transporter sur ses épaules ! Le moine le plus âgé ne dit rien et continue de marcher. Le moine le plus jeune n'arrive pas à avaler cet incident, et bougonne plusieurs heures durant.

Le moine le plus âgé finit par lui répliquer : « J'ai laissé cette femme sur l'autre rive du cours d'eau, alors que toi, tu es toujours en train de porter ce fardeau sur tes épaules ! »

Il faut savoir clore une histoire !

Mots-clés

Futur/passé/présent/prospective/vision/paralysie/résilience.

Le loup et le berger

Un loup n'arrête pas de traîner autour d'un troupeau de brebis. Le berger le surveille de près : pas question pour lui de laisser cet animal de malheur emporter une de ses bêtes !

Mais le loup se tient tranquille. Il n'essaie de faire de mal à personne, il ne se montre même pas menaçant. Au contraire : on dirait qu'à sa manière, il aide le berger à s'occuper de son troupeau. Ma foi…

Au bout du compte, le berger s'habitue tellement à le voir, inoffensif, qu'il finit par oublier la mauvaise réputation du loup : il n'est pas devenu un ami pour autant, mais un auxiliaire presque aussi fidèle qu'un chien. Et tout aussi efficace, en tout cas.

À tel point que le berger n'hésite pas, un jour, à laisser le troupeau sous la seule surveillance du loup, pendant qu'il se lance, lui, à la poursuite d'une brebis qui s'est enfuie.

Quand il revient, à sa grande surprise, il découvre un vrai carnage : le loup a fait un sort à un nombre de brebis tellement grand qu'il n'a même pas envie de les compter…

Dans l'entreprise aussi, quand on délègue une tâche à quelqu'un, il faut le faire en réfléchissant bien auparavant, et ne déléguer de responsabilités qu'aux personnes de confiance.

Mots-clés

Sécurité/confiance/collaboration/naïveté/délégation.

Tant qu'il reste la lune

Un moine zen du nom de Ryokan vivait au Japon il y a près de deux cents ans.

Un soir, à la nuit tombée, il était rentré chez lui, après avoir joué avec un groupe d'enfants – la sagesse, c'est aussi de savoir prendre du temps pour les autres, non ? Mais ce n'est pas le point le plus important.

Le plus important, c'est qu'en arrivant chez lui, il s'est rendu compte qu'un voleur avait cambriolé sa maison. Il n'y avait pas grand-chose à voler, mais tout avait quand même disparu.

Ryokan ne perdit pas son calme, cette nuit-là pas plus que les autres. Il s'assit à côté d'une fenêtre et écrivit : « Le voleur a laissé derrière lui la lune à ma fenêtre. »

C'est très poétique, non ? C'est aussi un moyen de nous dire qu'au lieu de nous concentrer uniquement sur ce qu'il y a de négatif, dans une situation désagréable, il faudrait savoir distinguer la lumière, même s'il y en a peu.

Mots-clés

Positivisme/calme/réflexion.

© Groupe Eyrolles

Le dernier jour

Il y a très longtemps, j'ai lu un peu par hasard une citation de quelqu'un qui disait à peu près ceci : « Si vous vivez chaque jour comme si c'était le dernier, un jour, vous serez certainement dans le vrai. » Je ne sais plus de qui elle était, je ne sais même pas si j'ai su un jour qui en était l'auteur…

Mais cette phrase m'a marqué – nous avons tous des phrases cultes, celle-ci, c'est la mienne. Et depuis ce temps, tous les matins, je me regarde dans le miroir et je me demande : « Si ce jour devait être le dernier de ma vie, est-ce que je voudrais faire ce que j'ai prévu de faire aujourd'hui ? »

Et chaque fois que ma réponse a été « non », j'ai su qu'il fallait que je change quelque chose.

Mots-clés

Progrès/changement/audace/valeur/objectifs/productivité/résilience/comportement.

L'empereur nu

Il y avait un empereur, très puissant et très riche.

Un jour, deux escrocs se présentent à lui. Ils prétendent savoir tisser des vêtements dans un tissu invisible, que seules les personnes intelligentes peuvent voir.

Bien entendu, l'empereur leur commande aussitôt un tel vêtement : il se dit qu'il sera très avantageux pour lui de pouvoir repérer aussi facilement les personnes intelligentes de son empire.

Les deux escrocs se mettent au travail, ou du moins prétendent se lancer dans la fabrication du vêtement.

© Groupe Eyrolles

L'empereur vient inspecter leur travail dès le lendemain, mais ne voit rien : les deux hommes prétendent pourtant qu'ils avancent, et même à grands pas. Quelques jours plus tard, l'entourage de l'empereur va aussi inspecter ce mystérieux travail de tissage, sans plus de succès. Mais personne ne dit rien, malgré les doutes qui s'installent, de plus en plus forts.

Enfin, les deux hommes livrent le prétendu vêtement… invisible, donc.

L'empereur l'enfile, ou du moins fait comme si, et défile devant ses sujets. Personne ne dit rien. Sauf un enfant, qui s'écrie sur son passage : « Mais il n'a pas de vêtements, il est tout nu ! »

Et tout le monde reconnaît alors qu'il a bien raison ! Et l'empereur, lui, ne pourra que poursuivre son chemin, en faisant semblant de rien…

Les évidences, même si personne n'en parle, finissent toujours par éclater au grand jour. Et quand elles éclatent, alors, après avoir gonflé jusqu'à l'extrême, cela fait du bruit !

Mots-clés

Franchise/perspicacité/lucidité/crise.

La force de la vague

Imaginez que vous lancez une pierre dans un étang. Vous verrez des cercles concentriques qui partent du centre de l'impact. En voyant les cercles s'élargir et commencer à faiblir, imaginez-vous en train de lancer une seconde pierre, un petit peu plus loin que la première… Maintenant, vous pouvez voir de nombreuses vagues de cercles concentriques. Les nouvelles ondes sont plus fortes et prendront le dessus sur les vagues faiblissantes pour poursuivre cette dynamique. Et plus les vagues coïncideront les unes avec les autres, plus la force de la vague sera renforcée.

C'est une image et voici ce qu'on peut en retenir.

Une action initiale fonctionne comme un démarreur, un déclencheur, un levier. Tous les autres cailloux lancés dans le cours d'eau, en créant de nouvelles vagues de cercles, sont comme des collaborateurs de l'organisation poursuivant, perpétuant cet effort initial à leur manière.

En travaillant en équipe, on peut donner naissance à une vague capable de submerger n'importe quel obstacle.

Mots-clés

Équipe/collaboration/force/action/culture/réseau/potentiel.

Le manteau de la Lune

Un jour, la Lune demanda à sa mère de lui offrir un manteau qui la rendrait ravissante.

« Comment pourrais-je trouver un manteau qui pourrait t'aller ? répliqua la mère. Tu changes tout le temps de taille. Un jour pleine lune, un autre nouvelle lune, un autre encore, on ne te voit même pas ! »

La Lune n'aura donc jamais de manteau.

Choisir de s'adapter au changement oblige à faire des concessions.

Mots-clés

Changement/adaptation/complexité.

La voie de l'eau

Un jeune garçon, enfin c'était déjà un adulte, voulait gagner beaucoup d'argent.

Il va donc voir un vieux sage réputé qui a fait fortune, et lui dit : « Je veux atteindre le même niveau que vous. »

Le sage lui répond : « Très bien, rejoins-moi sur la plage demain matin à 4 heures. »

Le jeune garçon est très déçu : il ne veut pas apprendre à nager, mais à devenir riche !

Mais le lendemain matin, à 4 heures, il est sur la plage. Et le sage aussi.

La sage le prend par la main et lui demande : « Désires-tu vraiment fortement devenir riche ? »

« Oui, très fortement », répond le jeune garçon.

« Alors suis-moi dans l'eau », ordonne le sage.

Le jeune garçon se dit : « Ce type est fou ! » mais il le suit.

« Viens plus loin », invite le sage.

Et soudain, il l'empoigne et lui met la tête sous l'eau. Le jeune garçon se débat mais rien n'y fait, le sage le maintient… Il lui ressort la tête de l'eau, alors que le jeune garçon est sur le point de se noyer !

Et il lui dit, comme si de rien n'était, pendant que le garçon tousse à n'en plus finir : « Quelle est la chose que tu désirais le plus quand tu avais la tête sous l'eau ? »

« Respirer ! », articule le jeune homme.

Le sage lui dit alors : « Quand tu voudras réussir aussi fortement que tu voulais respirer, tu réussiras. »

Mots-clés

Volonté/persévérance/endurance/climat/stress/mérite.

Les jeunes face aux vieux

C'est un proverbe africain. Je vous le récite de la même manière qu'on le fait en Afrique : « Toi, le vieux qui n'a rien, ce que tu dis n'est pas aimé. Ce que tu dis est vrai, mais on n'aime pas ce que tu dis. Toi, le jeune homme riche, on aime ce que tu dis. Ce que tu dis n'est pas vrai, mais on aime ce que tu dis. »

La vie a plein de bons côtés, mais elle a aussi ses dérives, et en voici une.

Moralité : même si nous avons pour nous l'expérience, l'innovation, les bons produits, les bons clients… Même si, en toute objectivité, on pourrait y croire, en réalité on ne peut jamais s'en contenter ni croire que notre objectif est atteint. Car en face, ce n'est peut-être pas à l'objectivité, à la rationalité que feront appel nos concurrents, même moins expérimentés avec de moins bons produits, un moins bon réseau de clients, mais à l'irrationnel. Et avec de bonnes chances de gagner, si nous laissons faire…

Mots-clés

Tactique/rationalité/éthique/charisme/culture.

L'empereur et l'ermite

Un jour, un empereur eut la révélation que s'il connaissait les réponses à trois questions, pas plus, il serait toujours sur la voie du succès.

Voici ces trois questions :

• Quel est le meilleur moment pour faire chaque chose ?

• Quelle est la personne la plus importante avec laquelle travailler ?

• Quelle est la chose la plus importante à faire en tout temps ?

Cela ressemble beaucoup à des questions que nous nous posons tous les jours dans l'entreprise !

En tout cas, l'empereur adopta un décret et le diffusa dans tout son empire. Il annonça que quiconque répondrait à ces questions recevrait une grande récompense.

Beaucoup de personnes vinrent au palais, chacune avec des réponses différentes.

Mais l'empereur n'était pas satisfait de ces réponses, et aucune récompense ne fut donnée.

Après plusieurs nuits de réflexion, l'empereur décida de rendre visite à un ermite qui vivait sur la montagne et dont on disait qu'il était particulièrement sage et brillant. L'empereur voulait lui poser les trois questions, et alla le voir dans ses montagnes qu'il ne quittait jamais.

L'ermite était en train de remuer la terre de son jardin. Il l'écouta attentivement mais ne lui répondit pas. Il le laissa juste l'aider à travailler sa terre.

Et lorsqu'un homme blessé surgit soudain comme par enchantement de la forêt, il laissa l'empereur le soigner, sans dire un mot.

Le lendemain, nouvelle péripétie. L'homme blessé se réveilla en demandant immédiatement pardon à l'empereur. Il lui avoua qu'il était l'un de ses pires ennemis et qu'en essayant de lui tendre une embuscade dans la montagne, il avait été blessé par les serviteurs du souverain.

L'empereur était un homme bien. Il accepta sa demande et lui pardonna.

Avant de rentrer au palais, il voulait quand même poser ses trois questions à l'ermite encore une fois.

L'ermite se contenta de lever les yeux vers l'empereur en disant : « Mais tes trois questions ont déjà trouvé leurs réponses ! Hier, si tu n'avais pas eu pitié de mon âge et ne m'avais pas donné un coup de main, tu aurais été attaqué par cet homme. Tu aurais alors vivement

© Groupe Eyrolles

regretté de ne pas être resté avec moi. Par conséquent, le moment le plus important a été celui où tu as travaillé la terre, la personne la plus importante, c'était moi, et l'objectif le plus important consistait à m'aider. Plus tard, quand l'homme blessé est venu, le moment le plus important a été celui que tu as passé à éponger son sang ; si tu ne l'avais pas fait, il serait mort et tu aurais perdu l'occasion de te réconcilier avec lui. De la même façon, il était bien la personne la plus importante, et l'objectif le plus important était de le soigner. Souviens-toi qu'il n'y a qu'un seul moment important, et c'est maintenant. L'instant présent est le seul moment que nous pouvons maîtriser. La personne la plus importante est toujours celle avec laquelle tu te trouves, qui est juste devant toi, car nul ne sait si tu auras d'autres relations avec une autre personne à l'avenir. L'objectif le plus important est de satisfaire cette personne. »

Les réponses aux questions les plus importantes nous sont souvent données par les expériences que nous vivons.

Mots-clés

Sens/attitude/équité/entente/compétence.

La chemise du roi

Il était un roi qui vivait une vraie vie de… roi. Il avait tout ce qu'il pouvait bien souhaiter dans sa vie… de roi, donc. Tout ce qu'il y avait de plus beau, il l'avait. Tout ce qu'il y avait de meilleur, de plus précieux, il l'avait.

Mais il lui manquait une chose : le bonheur. Il n'était pas heureux, pas du tout, même.

Il finit par demander son avis à son médecin personnel. Celui-ci lui répondit qu'il n'y avait qu'un seul traitement possible, étrange

© Groupe Eyrolles

mais efficace : il fallait que les soldats du roi parcourent tout le pays et trouvent l'homme le plus heureux du royaume, pour récupérer sa chemise. Et en la portant, le roi s'assurerait le bonheur pour toujours. Drôle de traitement, effectivement, mais bon, personne ne lui proposait autre chose…

Les hommes du roi se mirent en route, puis revinrent au bout d'un certain temps.

Ils dirent au roi qu'ils n'avaient pas pu lui ramener la chemise de l'homme le plus heureux du royaume.

Le roi entra dans une fureur folle. Il lui fallait absolument cette chemise !

« C'est impossible, lui répondirent les soldats : c'est l'homme le plus pauvre du royaume, il n'a même pas de chemise ! »

Les grands moyens ne produisent pas toujours les plus grands résultats.

Mots-clés

Exploration/ambition/accomplissement de soi/résultat/aptitudes.

Le vieil homme et le loup

Un vieil homme explique la vie à ses petits-enfants…

Il leur dit : « Je me sens très confus en ce moment. J'ai le sentiment qu'une grande bataille se déroule en moi, là, à l'heure où je vous parle (évidemment : ce n'était pas vrai, c'était juste pour obtenir une attention maximale de la part de son jeune auditoire).

Je me sens comme si deux loups étaient face à face en moi.

Un des loups est méchant : il représente la peur, la colère, l'envie, la peine, les regrets, l'avidité, l'arrogance, l'apitoiement, la culpabilité, les ressentiments, l'infériorité, le mensonge, la compétition, l'orgueil. Tout cela à la fois, et rien de positif.

L'autre est bon, c'est la bonté même : il incarne la joie, la paix, l'amour, l'espoir, le partage, la générosité, la vérité, la compassion, la confiance.

La même bataille se joue en vous, au moment où je vous parle. En fait, cette même bataille se joue chez tout le monde, tout le temps. »

Les enfants restent silencieux ; ils réfléchissent… Puis l'un d'eux dit : « Grand-papa, lequel des deux loups va gagner ? »

Le vieil homme répond simplement : « Celui que tu nourris. »

Encore une fois, nourrissons le bon loup !

Mots-clés

Clairvoyance/collaboration/équilibre/ouverture/maîtrise/éthique/choix.

Ruses et intuitions

> *« Les histoires nous parlent de choses*
> *que nous avons sues et oubliées,*
> *et nous font nous souvenir*
> *de ce que nous n'avons pas encore imaginé. »*
>
> ANNE L. WATSON, AUTEUR

Les histoires de renards sont bien utiles. Ce n'est pas de l'animal, c'est de l'esprit du renard qu'il s'agit : rusé parfois, réfléchi toujours.

Bâtisseurs de cathédrales

C'est l'histoire d'un passant un peu curieux qui s'approche d'un chantier de construction, sur lequel trois hommes travaillent.

Il demande au premier : « Qu'est-ce que vous faites ? »

« Je positionne des briques », lui répond l'ouvrier.

Il pose la même question au deuxième ouvrier, et celui-là lui dit : « Je suis en train de construire un mur. »

Il s'approche ensuite du troisième ouvrier, qui est en train de fredonner une chanson tout en travaillant, et il lui demande aussi : « Qu'est-ce que vous êtes en train de faire ? »

L'homme se redresse, et lui dit, avec un large sourire : « Je construis une cathédrale. »

Dans l'entreprise aussi, les personnes qui apportent le plus de valeur sont celles qui sont à la fois capables d'agir et de prendre du recul.

Mots-clés

Équipe/collaboration/projet/stratégie/challenges/compétence.

Changer de regard

Vous ne connaissez sans doute pas Jerry Sternin. Il ne cherche pas particulièrement à être connu, en plus.

Cet Américain a quand même sauvé plus de 2 millions d'enfants de la malnutrition. Dans les années 1990, il travaillait dans le domaine de l'aide aux enfants des pays en développement, et il a été appelé au chevet des enfants mal nourris du Vietnam.

Les autorités vietnamiennes ne voyaient pas forcément sa venue d'un très bon œil, et d'ailleurs, on ne lui donna que six mois pour améliorer la situation.

Très vite, il se rendit compte que la pauvreté et la qualité de l'eau étaient les causes principales des problèmes des pauvres gens qu'il voulait aider.

Jerry Sternin classa ces trouvailles dans un dossier qu'il appela : « Vrai, mais inutile ! » Qu'est-ce qu'il pouvait bien faire contre la pauvreté et la qualité de l'eau ?

Il décida de parcourir le pays en demandant partout s'il y avait des familles qui avaient des enfants bien nourris tout en ayant accès aux mêmes ressources que tout le monde. Quand on lui répondait « oui », il allait voir la famille en question. Et il l'observait. Il finissait toujours par s'apercevoir que ces familles avaient des pratiques nutritionnelles différentes des autres.

Mais le génie de Jerry Sternin n'est pas là. Il est dans ce qu'il fit ensuite.

Il n'alla pas dans les rues claironner la bonne parole. Il rassembla des groupes de mères de famille et les emmena cuisiner avec ces autres mères qui avaient de bonnes pratiques, pour apprendre ces nouvelles habitudes par elles-mêmes.

Au cours des années 1990, cette approche a permis à plus de 2 millions d'enfants vietnamiens mal nourris d'accéder à une meilleure santé et la méthode est aujourd'hui un standard dans tout le Viêtnam.

Le benchmarking a du bon, mais les ressources internes ont parfois déjà la réponse à la question que l'on se pose.

Mots-clés

Stratégie/équipe/bon sens/challenges/disruption/intuition/accessibilité/ animation/environnement.

La métaphore du vieux lanceur

Jean-Yves Le Gall a été, pendant des années, patron d'Arianespace avant d'être nommé à la tête du Centre national d'études spatiales (ce qui est loin d'être une punition !).

Autant dire qu'il s'y connaît en matière de fusées et de voyages dans l'espace. Et en parlant des fusées, ces engins de très haute technologie, qui sont normalement le résultat des toutes dernières innovations, sur lesquels il n'y a pas de droit à l'erreur… Eh bien, *il a un jour déclaré : « Un bon lanceur est un vieux lanceur. »*

Jean-Yves Le Gall s'exprimait là, bien évidemment, sur les lanceurs de fusée mais son propos a une portée bien plus large. Laquelle ?

On peut sans doute, si l'on est spécialiste de la question, s'en tenir à un constat technique : les lanceurs de fusée d'une technologie particulière, et éprouvée, visiblement, sont peut-être bien les plus performants. Mais à mon avis, il ne faut pas s'arrêter là.

Le lanceur d'une fusée n'est que le lanceur, c'est-à-dire qu'il est important, bien sûr, mais la partie la plus complexe et la plus cruciale, et surtout la plus longue, de l'envoi d'une fusée, c'est ce qui se passe après que le lanceur a fait son travail. Tout est imbriqué, évidemment, mais à quoi cela servirait-il de passer du temps à faire d'un lanceur un bijou de technologies innovantes ? Le temps et les efforts des ingénieurs pourront être plus efficaces, en étant utilisés pour mettre l'innovation au service de ce qui, en termes de business, compte réellement. Ce qui se passe après, donc.

Le sens de cette métaphore pourrait ainsi être : focaliser nos efforts sur ce qui apporte le plus de valeur ajoutée. Simple ? Oui, mais on n'a pas toujours besoin de faire compliqué.

Mots-clés

Simplicité/priorité/expérience/réalisme.

© Groupe Eyrolles

La corde de l'éléphant

Si vous allez en vacances dans certains pays, c'est sûr, vous aurez l'occasion de voir des éléphants au milieu de villes, villages, dans les rues. C'est impressionnant comme animal, non, dans ce genre d'endroit où ils n'ont *a priori* rien à faire ? Pas de courses à faire dans un magasin de porcelaine, etc.

Pour les empêcher d'aller vadrouiller un peu partout – un éléphant qui se balade, c'est quand même un peu plus problématique qu'un chien errant ! –, leurs propriétaires les attachent par une patte, à un arbre le plus souvent. Certains les attachent avec une grosse chaîne, mais d'autres se contentent de leur mettre une corde à la patte. Pourquoi ?

De toute évidence, il suffirait à l'éléphant de tirer dessus, pour que, sans trop d'efforts, la corde cède. Et il se retrouverait alors libre.

Les dresseurs d'éléphants savent ce qu'ils font : quand les éléphants sont jeunes, ils leur fixent la même corde à la patte, et c'est suffisant pour les empêcher de partir. Avec le temps, les éléphants deviennent comme conditionnés : ils sont persuadés qu'il leur est impossible de casser cette corde. Et donc, ils n'essaient jamais de s'échapper.

N'avons-nous pas souvent tendance, nous aussi, à nous en tenir à la conviction que nous ne sommes pas capables d'accomplir certaines choses, simplement parce que nous y avons échoué dans le passé ?

Mots-clés

Persévérance/courage/engagement/volonté/audace/ressources/ entreprise apprenante.

Très chers bijoux

Il y avait un homme, très riche et grand amateur de bijoux. Il appréciait tellement les bijoux qu'il les collectionnait.

© Groupe Eyrolles

Un jour, l'un des invités à une soirée qu'il organisait demanda à les voir.

Le collectionneur ordonna donc de sortir les bijoux du coffre-fort, sous bonne garde, et les présenta à son invité. Tous les deux étaient en pleine admiration devant ces joyaux : ils étaient vraiment très rares et de très grande valeur.

Quand le visiteur fut sur le point de s'en aller, il dit au collectionneur : « Merci de partager vos bijoux avec moi. »

Pour clarifier les choses, s'affirmer, et en étant tout de même un peu inquiet, le propriétaire des bijoux s'empressa de préciser : « Je ne vous les ai pas donnés ; ils m'appartiennent ! »

Et là, son visiteur répondit : « Bien entendu. Et pendant que nous avons profité de leur spectacle tous les deux, exactement de la même manière et tout aussi intensément, la seule vraie différence entre nous deux est le trouble qui vous agite à présent et les dépenses que vous devez consacrer à la protection de ce trésor. »

L'entreprise aussi, a le choix entre investir pour bâtir une infrastructure, ou développer une activité reposant sur l'utilisation d'une infrastructure existante.

Mots-clés

Richesse/tempérance/sérénité/partage/bénéfice/anxiété/stress/mesure.

Les gâteaux

Imaginez une femme, assise dans le hall de départ d'un aéroport.

Elle lit un livre et elle a un paquet de gâteaux à côté d'elle. Et voilà qu'un homme, assis juste à côté, plonge sa main dans le paquet et prend un gâteau, puis un autre.

Elle choisit de faire semblant de l'ignorer, pour ne pas faire de scandale. Mais quand même…

Elle en prend donc, elle aussi, pour bien lui signaler qu'elle a compris son manège.

Mais il continue ! Et elle aussi, du coup… Pour chaque gâteau que l'un prend, l'autre en prend un aussi.

Jusqu'à ce qu'il n'en reste plus qu'un dans le paquet. Et là, avec un grand sourire, l'homme le prend, le partage en deux et lui tend la moitié. C'est la meilleure !

Quand, enfin, on appelle son vol, la femme se lève, sans un regard pour l'homme à côté d'elle, et s'en va en prenant quand même l'air agacé. Il ne faut pas exagérer !

Une fois dans l'avion, elle cherche son livre dans son sac et tombe… sur son paquet de gâteaux, intact !

Les apparences sont souvent trompeuses, même quand il semble n'y avoir aucun doute.

Mots-clés

Apparences/observation/illusion/spontanéité/résonance/partage/collaboration/communication.

Le batelier

Un érudit, professeur d'université, demande à un batelier de lui faire traverser le fleuve.

Le bateau est lent, et le voyage ennuyeux.

Pour s'occuper, l'érudit engage la conversation, et avant, demande au batelier : « Avez-vous déjà étudié la phonétique et la grammaire ? »

Le batelier lui répond que « non », il ajoute d'ailleurs qu'il n'en a jamais eu l'utilité.

L'érudit lui annonce alors, d'un air qu'on imagine bien méprisant : « Eh bien, vous avez gâché la moitié de votre vie, car ce sont des matières très importantes. »

Un peu plus tard, le bateau heurte un rocher, au beau milieu du fleuve.

Et là, c'est le batelier qui pose une question à l'érudit : « Excusez-moi, grand sage, vous devez me trouver bien bête, mais avez-vous déjà appris à nager ? »

L'érudit répond que « non », car il n'en a jamais eu le temps, il n'a pas cessé de se plonger dans les livres depuis son plus jeune âge.

Le batelier répond à son tour : « Alors, vous avez gâché toute votre vie, car le bateau est en train de couler. »

Le savoir est le pouvoir, mais pas quand il nous empêche d'être opérationnel.

Mots-clés

Clairvoyance/utilité/humilité/*knowledge management*/compétence.

L'âne du marchand

Un marchand conduisait son âne chargé d'une grosse cargaison de sel le long des berges d'une rivière. À un moment, dans ce trajet habituel pour eux deux, il leur fallait traverser la rivière. C'était vraiment quelque chose qui ne posait aucune difficulté. Pourtant, ce jour-là, l'âne glissa et s'enfonça dans les eaux de la rivière ! Le marchand n'était pas manchot ; il réussit donc à le sortir de ce mauvais pas, mais une grande partie du chargement de sel avait sombré au fond de la rivière. Irrécupérable, évidemment.

L'âne, lui, sentit bien que son fardeau était plus léger qu'auparavant, et c'est très joyeusement qu'il accomplit le reste du trajet.

Le jour suivant, le marchand prit en charge un autre lot de sel. L'âne se souvenait encore de son expérience de la veille : et cette fois, c'est exprès qu'il se laissa tomber dans la rivière. Et une nouvelle fois, il fut débarrassé d'une bonne partie de son chargement.

Le marchand était furieux. Il ramena l'âne sur la berge. Et il le chargea avec deux grands paniers pleins d'éponges.

L'âne lui refit le même coup. Mais cette fois, quand il se remit sur ses pattes, son chargement tout gonflé d'eau pesait maintenant dix fois plus lourd qu'auparavant !

Comme quoi une tactique, même quand elle est très efficace, n'est pas adaptée à toutes les situations. Et les vieilles recettes, si on ne les fait pas évoluer, peuvent être facilement contrées par des nouvelles.

Mots-clés

Adaptation/stratégie/innovation/comportement.

Le favori

Un gourou, un bon gourou, genre maître zen, pas un de ces gourous charlatans, avait vingt disciples.

Il estimait l'un d'eux plus que tous les autres, et tous le savaient !

Bien entendu, ils en étaient plutôt vexés.

Ils demandent donc un jour au gourou : « Pourquoi ? »

Le maître leur répond : « Allez tous dans la forêt et rapportez chacun un poulet. »

Et peu de temps après, tous reviennent en tenant un poulet par la peau du cou.

« Maintenant, allez dans un endroit où personne ne pourra vous voir et tuez votre poulet », leur dit alors le maître.

Peu de temps après, tous reviennent avec leur poulet mort dans les bras. Tous, sauf un…

Le disciple préféré : lui, revient avec son poulet bel et bien vivant.

Le maître se tourne vers lui et lui demande : « Pourquoi n'as-tu pas suivi mes instructions ? »

Et le disciple lui répond : « Vous nous avez indiqué qu'il fallait trouver un endroit où personne ne pouvait nous voir, ce qui est impossible, je n'ai donc pas pu tuer le poulet. »

Et là, le gourou se retourne vers les autres disciples avec un grand sourire : « Voilà pourquoi il est mon préféré. »

Il y a quelque chose à retenir de cela en termes de leadership.

Mots-clés

Leadership/analyse/résonance/vision.

La métaphore du voyage

> *« Les relations ne se forment que par le partage d'histoires,*
> *pas par des monologues. »*
>
> Daniel Taylor, écrivain et professeur d'université

Toute histoire est un voyage. Alors, quoi de plus normal que les histoires de véritables voyages, ou les histoires exotiques, avec pour cadre des pays qui font rêver… Ces histoires-là sont naturellement inspirantes.

© Groupe Eyrolles

Être mené en bateau

C'est un bateau au milieu de l'océan, avec un capitaine un peu borné et sourd. De manière assez surprenante, les décisions qui concernent les directions à prendre par le bateau sont prises à la majorité des voix de l'équipage, alors même que le pilote du bateau est des plus compétents. Il est compétent mais pas très populaire et, à vrai dire, il ne se soucie pas vraiment de l'être, populaire.

Un jour, par peur de se perdre, le capitaine et l'équipage décident de suivre aveuglément l'avis du membre d'équipage qui a le plus de charisme et se trouve être le plus beau parleur, en se moquant du pilote et de ses mises en garde.

Ils finissent complètement perdus et meurent de faim en mer.

La démocratie a ses limites.

Mots-clés

Leadership/décision/expertise/naïveté.

Les mahus

On les appelle traditionnellement les « mahus » à Tahiti et dans d'autres îles polynésiennes.

Les premiers navigateurs européens à avoir exploré les îles décrivaient déjà ces garçons éduqués comme des filles qui, lorsqu'ils sont plus âgés, s'épilent, se travestissent, mangeant à l'écart des hommes, en dansant et en chantant avec les femmes.

Détail important : ce ne sont pas des homosexuels, du moins pas forcément.

Plusieurs explications circulent au sujet de ces « mahus ».

© Groupe Eyrolles

On dit que dans la culture traditionnelle polynésienne, certains estimaient que la division du monde en deux sexes (masculin et féminin) était trop restreinte, voire dangereuse, d'où la naissance d'un troisième, apte à maîtriser autant les pouvoirs masculins que féminins. Une légende raconte aussi qu'on éduquait autrefois automatiquement en fille le troisième enfant d'une famille, quel qu'il soit. C'était peut-être un moyen de réguler les naissances, sur des îles qui ne sont pas extensibles, ou un moyen de préserver des mâles dans les tribus, exposées aux guerres nombreuses et aux sacrifices humains.

Une fiction, la plus fictive qui soit, peut devenir une réalité sur laquelle tout le monde est d'accord, assumée en toute connaissance de cause par toutes les personnes concernées. Aussi contraire à nos pratiques que cela puisse paraître, nous avons parfois besoin de ça dans une entreprise, pour avancer et être efficace : aller à l'encontre de nos habitudes de manière radicale.

Mots-clés

Imagination/conviction/efficacité/ouverture/disruption/audace/ environnement.

3

Au cœur de l'entreprise

Il y a deux types d'histoires intéressantes à raconter, tirées de la vie de l'entreprise : celles qui portent sur l'activité, le *business* de l'entreprise, et celles qui portent sur les clients. Mieux encore : il est souvent plus efficace d'utiliser des histoires d'autres entreprises dans ce registre. Elles constitueront des challenges motivants pour les équipes, mises au défi de faire, au moins, aussi bien. Et c'est bien plus sain que de mettre deux équipes d'une même entreprise face à face (les « bons » contre les « mauvais »), comme sur un ring de boxe.

Business stories

> *« Tout le monde croit vendre un retour sur investissement.*
> *En réalité, c'est une histoire sur le retour sur investissement*
> *que l'investisseur achète. »*

TOM DUREL, ANCIEN PRÉSIDENT DU DIRECTOIRE OCEANIA ET BLUE CROSS BLUE SHIELD

Des histoires d'entrepreneurs, d'entreprises : mais pas forcément des *success stories*. Ce sont, par contre, des histoires de talents, de défis relevés…

Le pêcheur et le banquier

Un banquier d'investissement américain en vacances dans un petit village du Mexique admirait un pêcheur local en train de débarquer le fruit de son travail.

Il le complimenta et lui demanda combien de temps il avait mis pour attraper les quelques magnifiques thons qu'il avait ramenés.

Le pêcheur répondit : « Pas bien longtemps. » Le banquier américain demanda alors : « Pourquoi n'êtes-vous donc pas resté plus longtemps, pour pêcher davantage de poissons ? »

« Avec tout cela, j'ai largement de quoi subvenir aux besoins de ma famille », répliqua le pêcheur.

« Mais que faites-vous donc le reste de votre temps ? » insista le banquier.

« Je me réveille assez tard, je pêche un peu, je joue avec mes enfants, je fais une sieste et je suis dans le village tous les soirs, pour boire du vin et jouer de la guitare avec mes amis. J'ai vraiment une vie bien remplie. »

Le banquier américain s'exclama : « J'ai un MBA de Harvard, et je peux vous aider. Vous devriez pêcher plus longtemps, et vous acheter un plus gros bateau avec la recette de votre pêche. Au final, vous auriez toute une flotte de bateaux de pêche. Et vous pourriez alors vous passer d'intermédiaire pour vendre directement à l'usine qui va transformer le fruit de votre pêche. Et même avoir votre propre usine de transformation. Vous quitteriez alors ce village, pour aller vivre à Mexico City, voire Los Angeles ou New York, afin de continuer de développer votre entreprise. »

« Combien de temps cela prendra-t-il ? » demanda le pêcheur.

« Quinze à vingt ans. »

« Et après ? » demanda encore le pêcheur.

Le banquier se mit à rire et annonça que le meilleur était encore à venir : « Lorsque le moment sera venu, vous introduirez votre entreprise en Bourse et vous vendrez vos actions, vous serez riche à millions ! »

« Des millions… Et après ? »

« Vous prendrez votre retraite, dans un petit village du Mexique, dormirez tard, jouerez avec vos petits-enfants, ferez la sieste et irez tous les soirs dans le village boire du vin et jouer de la guitare avec vos amis », répondit une dernière fois le banquier américain.

Avant de s'engager dans une démarche de changement, il faut se poser la question de l'intérêt à long terme de ce changement.

Mots-clés

Valeur/efforts/stratégie/utilité/objectifs/motivation/productivité/ processus.

L'innovation n'est pas un accident

Vous connaissez les Kellogg's Corn Flakes. C'est un grand succès d'entreprise.

Et pourtant, tout cela est parti d'une erreur.

En 1894, Will Kellogg voulut transformer du blé en pâte et il en obtint des flocons.

Ce n'est pas là une innovation : c'est un accident.

L'innovation se produisit douze ans plus tard, quand, après avoir fait de nombreux essais, Kellogg décida de lancer en masse sur le marché ses flocons de céréales.

Et cela ne s'arrêta pas là : des années plus tard, quand les céréales n'eurent plus vraiment de succès auprès des enfants, il réussit à convaincre les adultes de leur valeur nutritionnelle. Doublement du chiffre d'affaires à la clé.

Ce n'étaient pas là des accidents : c'était le fruit de la volonté.

Mots-clés

Détermination/audace/volonté/processus.

C'est l'hôpital qui se moque de la charité

Cela se passe en 1978, chez Coca-Cola aux États-Unis. Le marketing et la publicité ont du mal à prendre une décision sur le nom du nouveau soda que la firme veut lancer.

Les créatifs du service publicité de la marque sont très chauds pour le nom Mello Yello.

Le chef de produit finit par leur dire que ce nom ne lui convient pas du tout, parce qu'il sonne comme le nom d'une drogue qu'on s'injecte ou qu'on sniffe au coin d'une rue.

C'est alors que le chef des créatifs s'écrie : « Mais que croyez-vous donc que le mot Coke signifie ? »

À la critique doit aussi correspondre l'autocritique.

Mots-clés

Créativité/audace/subjectivité/objectivité/décision/intuition/mesure.

Leçon de bière

Avez-vous déjà entendu parler de Claude Hopkins ? Sans cet Américain, se brosser les dents ne serait peut-être jamais devenu

© Groupe Eyrolles

une habitude aussi répandue. Claude Hopkins est, en effet, l'un des pionniers de la publicité, entre la fin du xixe et le début du xxe siècle, et l'un de ses faits d'armes parmi d'autres est d'avoir su imposer le brossage des dents à grande échelle.

Il a aussi travaillé pour une marque de bière : Schlitz, qui existe toujours aujourd'hui.

Quand il a commencé à s'en occuper, Schlitz était au trente-sixième dessous ! L'entreprise frôlait la banqueroute. Les ventes étaient au plus bas, le cours de l'action proche de zéro…

Claude Hopkins décida de se rendre sur place, dans l'usine, pour se faire une idée par lui-même. Quels pouvaient bien être les points forts de ce produit, car forcément, il devait y en avoir : cela faisait soixante-dix ans que l'entreprise existait !

La direction de l'entreprise ne voyait rien d'exceptionnel dans ses procédés de production. Hopkins, lui, remarqua les *process* destinés à garantir une eau des plus pures, dans la composition de la bière, la stérilisation des bouteilles, la qualité de la levure employée…

«Mais pourquoi vos conseillers en communication n'ont-ils jamais utilisé ces arguments ?» demande-t-il un jour à la direction de Schlitz.

Tous en chœur, les directeurs lui répondent alors : « Mais tous nos concurrents utilisent les mêmes procédés ! »

Hopkins leur répond à son tour : « Peut-être, mais aucun d'entre eux n'a jamais utilisé ces arguments, vous serez les premiers ! »

Six mois plus tard, Schlitz était devenue la marque de bière numéro 1 aux États-Unis !

Innovation n'est pas forcément synonyme d'invention.

Mots-clés

Innovation/vision/clairvoyance/disruption/leadership.

© Groupe Eyrolles

Chaussures business

Imaginez que vous êtes envoyé en Afrique par une marque de chaussures pour explorer les potentialités du marché. En fait, vous n'êtes pas seul : la marque a envoyé un second vendeur avec vous pour avoir deux avis sur le sujet.

Après avoir passé quelque temps sur place, en réalité très peu car il ne vous a pas fallu longtemps à tous les deux pour vous faire votre opinion, vous revenez communiquer votre rapport au siège de l'entreprise. Le rapport de chacun d'entre vous est très court : il ne fait qu'une ligne !

Celui de votre collègue dit : « Aucun potentiel sur ce marché : personne ne porte de chaussures là-bas. »

Le vôtre dit : « Potentiel immense dans cette zone : personne ne porte encore de chaussures. »

On peut raisonner en termes d'acquis… ou alors d'opportunités.

Mots-clés

Pensée positive/vision/expertise/esprit d'aventure/audace/détermination/ouverture/potentiel.

Plus avec moins

Ça se passe dans une entreprise, à la direction des ressources humaines, plus précisément.

Il y a là un homme de 45 ans, qui a un entretien parce qu'il a candidaté pour un poste avec plus de responsabilités dans cette entreprise. Il est plutôt confiant : il y a fait toute sa carrière.

Cet entretien, c'est à peine plus qu'une formalité. Que ce soit ses supérieurs actuels, la direction des ressources humaines… Bref, tout le monde a envie de le lui donner, ce poste. Il l'a mérité. Il se consacre à fond à ses missions, il a des résultats exceptionnels. Et en plus, pour l'image de l'entreprise et ses efforts pour promouvoir la diversité, il est parfait : c'est un homme de couleur…

Son entretien se déroule d'ailleurs à merveille : il parle des projets qu'il a menés à bien, des longues heures de travail qu'il a accomplies, des week-ends aussi qu'il y a passé, parce que de tels résultats ne s'obtiennent pas sans sacrifices…

Au cours de l'entretien, soudain, l'homme porte la main à sa poitrine, et s'écroule. Il vient d'avoir une crise cardiaque !

La personne qui conduit l'entretien appelle immédiatement les secours, mais cela se voit déjà : l'homme est mort.

Le message à retirer de cet événement, qui s'est réellement produit, ce n'est pas qu'il faille se préoccuper davantage de la santé de nos collaborateurs. C'est un peu plus disruptif que cela : demander toujours plus avec moins de moyens est plus destructeur que productif.

Mots-clés

Performance/équilibre/empathie/sécurité/considération.

Les mauvais souvenirs durent longtemps

C'est l'histoire d'un groupe de collègues de travail. Ils ont pris l'habitude d'aller déjeuner ensemble tous les mois dans un petit restaurant sans grande prétention, mais ils sont quand même prêts à faire chaque fois un trajet de quelques kilomètres.

C'est que ce restaurant sert des sandwiches extraordinaires. Un jour, l'un des membres du groupe décide de commander un bol de soupe à la place d'un sandwich. Certains de ses collègues ont, eux, choisi de compléter leur sandwich par une tasse de soupe, un peu moins chère qu'un bol, sur la carte du restaurant.

Celui qui a choisi le bol le vide en autant de temps qu'il faut à ses collègues pour avaler leur tasse.

Et, bien sûr, il s'en étonne : « Soit j'ai bu très vite, soit il n'y avait pas plus de soupe dans mon bol que dans vos tasses. J'ai vraiment l'impression d'avoir été truandé. »

Le groupe décide d'en avoir le cœur net et commande à nouveau un bol et une tasse. Ils vident la tasse, et la remplissent avec le contenu du bol : la quantité est rigoureusement identique !

Ils appellent un serveur pour avoir des explications. Ce dernier leur avoue tout sans se cacher, et leur indique que ce sont là les ordres du propriétaire.

Avant de quitter le restaurant, la bande de collègues informe le propriétaire de leur découverte et du fait que, malgré la qualité de ses sandwiches, ils ne reviendraient pas.

Ce n'est pas une anecdote. Des études ont été faites : elles montrent bien que l'on se souvient d'une bonne expérience en tant que client pendant dix-huit mois, et d'une mauvaise… pendant vingt et un ans !

Mots-clés

Confiance/qualité/fiabilité.

Les trois tailleurs

Trois tailleurs décident de s'installer dans la même rue. Commercialement, c'est ridicule ! Mais c'est une question de rivalité personnelle et, dans ce domaine, la logique et la raison n'ont pas forcément leur place…

Pour attirer un maximum de clients, le premier installe au-dessus de la porte de sa boutique une grande pancarte : « Je suis le meilleur tailleur de la région. »

Le deuxième installe une pancarte plus grande encore : « Je suis le meilleur tailleur de tout le pays. »

Le troisième se creuse un peu les méninges, et installe une toute petite pancarte : « Je suis le meilleur tailleur de la rue. »

Où croyez-vous que soit allé le plus grand nombre de clients ?

C'est clair : il faut savoir se placer à la hauteur de ses clients.

Mots-clés

Stratégie/clairvoyance/simplicité/adaptation/mesure/environnement.

La nouvelle propriétaire

Vous avez déjà entendu le nom de Trump. Donald Trump. C'est l'un des plus célèbres milliardaires de ce monde : sa fortune est évaluée à près de 3 milliards de dollars, rien que ça – c'est le roi de l'immobilier d'entreprise.

C'est un homme réputé avoir beaucoup de caractère et une grande détermination.

Il a une fille : Ivanka Trump. Elle aussi a, semble-t-il, beaucoup de caractère. Elle est aussi dans le *business*.

Elle aime le golf, également. Elle voulait devenir membre de l'un des clubs de golf les plus chics des États-Unis. Sauf qu'il était interdit aux femmes ! Une règle qui datait d'un autre temps, mais bon…

Qu'a-t-elle donc fait à votre avis ? A-t-elle renoncé ? Non : elle a racheté le club ! Elle ne pouvait peut-être pas être membre, mais elle pouvait bien en devenir la propriétaire !

Maintenant, le club est ouvert aux femmes. Étonnant, non ?

Quand on vous refuse l'entrée par la porte, acheter le pas de porte est plus sûr que d'essayer d'entrer par la fenêtre !

Mots-clés

Détermination/résultats/force.

D'une faiblesse faire une force

Yubari est une ville qui se situe sur l'archipel d'Hokkaïdo, au Japon. C'est une ancienne ville minière qui a tenté une reconversion dans le tourisme, avec de gros investissements. Mais les touristes ne sont pas venus, et les dépenses ont mené Yubari à la banqueroute (plus de 350 millions de dollars de dettes à l'arrivée). Et au Japon, pas la peine de compter sur l'État pour venir vous sauver : ce n'est pas comme ça que les choses fonctionnent. Bref, c'était la ruine : au point que les habitants devaient eux-mêmes faire le ramassage des ordures ménagères !

Mais Yubari avait un atout caché, que la ville ne soupçonnait même pas. Yubari détenait le plus faible taux de divorce du Japon !

En dernier recours, une campagne publicitaire a donc été lancée : « *No money but love !* » (Pas d'argent mais de l'amour !)

Et ça a marché ! Les touristes attendus depuis des lustres sont venus ! Et la dette de la ville a été divisée par 10…

Au milieu de la pénombre, chercher la lumière, même si ce n'est que celle d'une luciole…

Mots-clés

Disruption/succès/sérendipité/crise.

© Groupe Eyrolles

SAGE décision

Les logiciels SAGE sont plutôt bien connus en Europe. Pour ceux qui ne la connaîtraient pas, c'est une entreprise anglaise, et elle crée des programmes informatiques qui gèrent la relation client.

Il y a quelques années, elle était très peu connue aux États-Unis. Il y avait déjà, là-bas, des entreprises américaines qui produisaient le même type de logiciels.

SAGE s'est donc dit qu'il fallait se faire connaître sur ce marché, communiquer.

Mais comment ?

Il faut savoir que les logiciels SAGE ciblent les petites et moyennes entreprises : elles sont le cœur de cible de l'entreprise.

Cela leur a donné une idée : plutôt que d'engager des acteurs pour apparaître sur leurs affiches et annonces publicitaires, ils ont… engagé leurs propres clients : ils en ont fait les héros de leur publicité. Pour de vrai : ce n'étaient pas de faux clients, comme on en voit souvent dans les publicités. En plus, ils représentaient des entreprises complètement inconnues : c'est vrai que les petites et moyennes entreprises ne sont pas particulièrement médiatiques ! Mieux encore : les clients des clients étaient, eux aussi, les bienvenus sur les photos…

Quand on dit que les clients doivent être nos héros, c'est dans tous les sens du terme qu'il faut explorer ces potentialités. Chez SAGE, ils sont allés jusqu'à la publicité…

Mots-clés

Client/engagement/win-win/environnement.

© Groupe Eyrolles

L'âne et le douanier

Nasruddin Hodja est un personnage à moitié sérieux et à moitié comique, très connu en Orient. Là-bas, les gens racontent de nombreuses histoires de Nasruddin, souvent très édifiantes.

En voici une.

Nasruddin n'arrêtait pas de traverser la frontière, perché sur son âne. Chaque fois qu'il passait, il portait de nouveaux vêtements, toujours plus élégants. Et son âne aussi avait chaque fois sur le dos des équipements et des ornements plus coûteux que lors de son précédent passage.

Le douanier qui surveillait cette frontière avait de gros doutes, pour ne pas dire plus. En réalité, pour lui, c'était sûr : Nasruddin faisait de la contrebande. Alors, chaque fois que Nasruddin passait la frontière, il le fouillait, lui et son âne, de fond en comble. En vain.

Et cela dura jusqu'à ce que le douanier prenne sa retraite.

Un jour qu'il était assis sur un banc dans son village, l'ancien douanier vit passer Nasruddin et l'interpella : « Dis-moi, maintenant que tu ne risques plus rien de moi, de quelles marchandises faisais-tu la contrebande ? »

Et Nasruddin répondit simplement : « Des ânes. »

Les solutions les plus évidentes sont souvent juste sous notre nez. Il suffit de se pencher un peu…

Mots-clés

Évidence/observation/simplicité.

Joyeux Noël !

Cet événement se passe dans une entreprise agroalimentaire qui compte 10 000 employés.

C'est un jour ou deux avant Noël et la standardiste du siège de l'entreprise n'a pas beaucoup de travail. Elle n'a pratiquement eu aucun appel de toute la journée.

Quand le président de l'entreprise passe par hasard devant la banque d'accueil, la standardiste lui demande si elle peut partir plus tôt.

Le président pense alors intérieurement : « J'ai trois réponses possibles. Je peux lui dire ce qu'elle a envie d'entendre, à savoir qu'elle peut basculer les téléphones sur boîte vocale et rentrer chez elle pour passer de bonnes vacances. Je peux lui dire que chaque appel est important et qu'en accueillant chaque client de manière personnelle, elle contribue au succès de l'entreprise. Ou je peux lui dire de prendre la décision elle-même. » Le président décide de laisser la réceptionniste prendre elle-même une décision.

Aujourd'hui encore, il n'est pas certain de savoir ce qu'elle a finalement décidé, et à vrai dire peu lui importe. Elle était la personne la plus à même de prendre cette décision et il lui a fait confiance pour cela. Aujourd'hui, tout le monde connaît cette anecdote dans l'entreprise, et elle est souvent racontée aux nouveaux arrivants.

Cette anecdote a laissé une trace indélébile dans l'esprit des employés de l'entreprise.

Bien plus qu'une charte d'entreprise, les petites histoires du quotidien sont révélatrices de la culture de l'entreprise.

Mots-clés

Autonomie/responsabilité/confiance/culture/considération.

Avoir de bons réflexes

Vous n'avez sans doute jamais entendu parler du businessman américain Philip Anschutz : il a pourtant une fortune de près de 8 milliards de dollars. Par comparaison, Donald Trump, beaucoup plus connu, ne possède « que » 3 milliards…

Philip Anschutz a débuté en creusant des puits de pétrole. Longtemps sans succès. Puis il a fini par trouver le bon filon… Mais il s'est vite retrouvé confronté au premier choc pétrolier. La ruine, ou presque.

C'est alors qu'il apprend qu'Universal Studios va tourner un film sur « le » pompier des puits de pétrole, celui-là, vous en avez peut-être entendu parler : c'est Red Adair[1]. Et donc, Philip Anschutz propose son puits pour le tournage. Il empoche un petit pactole qui lui permet de sauver son *business*.

On a toujours le choix, à chaque moment, de faire un pas en avant et gagner un peu, voire beaucoup, ou un pas en arrière, et tout perdre. Ce pas en avant, c'est du pragmatisme, de la ténacité, pour traquer toutes les opportunités qui peuvent s'offrir.

Mots-clés

Opportunités/audace/action/persévérance/choix.

Dasani ?

Avez-vous déjà entendu parler de la marque d'eau minérale Dasani ? Non ? C'est normal.

Dasani n'a jamais dépassé les frontières de son marché test, la Grande-Bretagne, où Coca-Cola a dépensé 7 millions de livres en

---

1. Dans ce film *Les feux de l'enfer – Hellfighters* en anglais – le rôle de Red Adair est interprété par John Wayne.

marketing pour lancer ce nouveau produit, annoncé comme révolutionnaire. C'était une eau minérale présentée comme particulièrement pure, pour la bonne raison qu'un procédé identique à celui utilisé par la Nasa pour les expéditions dans l'espace était employé.

Cela s'est passé en 2004. Très vite, il est apparu que l'eau Dasani était tout à fait ordinaire, puisée dans les mêmes captages que l'eau du robinet. Bien entendu, les médias ne les ont pas loupés !

En plus, le fameux dispositif hautement sophistiqué de la Nasa s'est révélé être le même que les dispositifs de purification d'eau les plus basiques, disponibles dans tous les commerces.

Et ce n'est pas tout : entre le captage et le produit fini, une contamination des stocks de Dasani au brome a été découverte !

Bref, cette eau vendue 30 fois le prix de l'eau du robinet était en réalité moins bonne pour la santé !

Il est facile de se laisser emporter au cours d'une discussion commerciale, d'énoncer des arguments sans vrais fondements. Ou alors, dans une démarche marketing, de tenter de noyer les clients sous une vague publicitaire…

La réalité du produit finit toujours par nous rattraper, et les gains peut-être rapidement accumulés s'effacent bien vite.

Mots-clés

Éthique/tempérance/efficacité/temps.

Le trésor enterré

Il y avait une tradition dans ce village. Les habitants collectionnaient les pièces d'or (proportionnellement à leur capacité à en avoir, évidemment) et avaient pris l'habitude de les enterrer dans un endroit discret de leur jardin. Une fois par an, ils sortaient tous leur trésor de terre, l'admiraient, puis l'enterraient de nouveau.

L'un des habitants de ce village prenait, lui, des cailloux, les plaçait dans une boîte et l'enterrait, tout comme les autres.

Les autres habitants du village se moquaient de lui, en lui disant que ce n'était pas comme cela que les choses fonctionnaient ! C'est d'or qu'il fallait remplir la boîte !

L'homme leur répondit un jour : « Vous, vous remplissez vos boîtes d'or, mais vous n'en faites rien. Peu importe alors, que ce soit de l'or ou des cailloux… Vos boîtes ne valent donc pas plus que la mienne ! »

Des valeurs que l'on n'utilise pas finissent par perdre leur… valeur.

Mots-clés

Valeur/utilité.

Le coût de l'agrafeuse

Cela se passe dans un aéroport, celui de Los Angeles aux États-Unis.

Un agent d'une compagnie aérienne cherche une agrafeuse, et son concurrent du guichet d'à côté accepte de lui en prêter une. Il vient lui apporter l'agrafeuse, et il reste là, à se tenir près de son confrère.

Au bout d'un moment, le confrère en question lui demande pourquoi il ne retourne pas à son guichet, car, enfin, c'est quand même bizarre !

Et le généreux guichetier lui répond alors : « C'est parce que je veux que tu me rendes mon agrafeuse ! »

Il travaillait pour Southwest Airlines, la pionnière du transport aérien *low cost*, *low cost* jusque dans les moindres détails…

© Groupe Eyrolles

Pour être véritablement vécue, une valeur ne peut pas se vivre uniquement dans les grandes lignes.

Mots-clés

Engagement/action/persévérance/comportement.

Le coup de Steve Jobs

C'est devenu légendaire. Mais c'est vrai. En 1983, Steve Jobs a reçu John Sculley, alors patron de Pepsi, pour lui proposer de devenir son bras droit chez Apple.

Et voilà comment il a réussi à le convaincre : avec une simple phrase.

Il lui a dit : « Est-ce que vous préférez vendre de l'eau sucrée pour le restant de vos jours, ou venir changer le monde avec moi ? »

Peu de temps après, John Sculley rejoignait Apple. Il y restera dix ans.

Quand on veut convaincre quelqu'un, il faut élargir ses perspectives. Et ce n'est pas en restant « scotché » au produit qu'on essaie de lui vendre qu'on peut y arriver. Ne restez pas en surface, allez en profondeur.

Mots-clés

Vision/empathie.

Tilt

Vous connaissez peut-être Jazzercise. C'est un programme de fitness collectif fondé sur la danse : chaque semaine, près de 8 000 instructeurs donnent plus de 32 000 cours de Jazzercise dans plus de 30 pays dans le monde. Une belle *success story* pour

© Groupe Eyrolles

la fondatrice de Jazzercise : une Américaine, ancienne danseuse professionnelle, Sheppard Missett.

Quand elle a arrêté sa carrière, elle a fait comme la plupart des anciennes danseuses : elle a créé son école de danse. Et ça marchait plutôt bien. Et puis, un jour, elle a eu une révélation : elle s'est rendu compte que les femmes qui assistaient à ses cours ne venaient pas pour apprendre à faire des pas à la perfection, mais pour perdre du poids et gagner en tonicité.

Elle a donc créé une chorégraphie, mise en accord avec une musique, formé des instructeurs un peu partout dans le monde… Un vrai succès, depuis trente ans.

Il faut parfois savoir regarder ce qui nous semble évident sous un œil nouveau, pour trouver de nouvelles sources de business.

Mots-clés

Innovation/observation/imagination/stratégie.

Un âne formidable

Le propriétaire d'un âne est furieux. Même en tenant compte de son âge avancé, cet animal de malheur fait honte à la race des ânes !

Cet âne-là mange comme un éléphant ! Et en même temps, il est d'une maigreur effroyable, il est lent comme une tortue, paresseux comme un serpent, vicieux comme un renard, stupide comme un poisson et têtu comme… un âne !

L'homme se décide donc à le vendre aux enchères. Il a bon espoir d'en tirer un prix suffisant pour pouvoir en acheter un autre, bien meilleur.

Hélas… Tous les autres ânes de la vente trouvent preneurs, sauf le sien.

Le commissaire-priseur vante alors les mérites de cet âne, avec tout le bagou qui est le sien – c'est la marque de fabrique des bons commissaires-priseurs.

Et le propriétaire de l'âne commence à voir son animal d'un œil neuf… En écoutant le commissaire-priseur parler, ses pattes deviennent fines et soyeuses, le poil de tout son corps luisant, ses yeux vifs et ses dents d'une blancheur éclatante…

Alors, quand le premier candidat à l'achat lance une enchère, le propriétaire de l'âne surenchérit aussitôt.

Et à chaque nouvelle enchère, il surenchérit ! Encore et encore… Jusqu'à ce que le commissaire-priseur prononce le fatidique : « Adjugé, vendu ! » Vendu à son propre propriétaire !

Il y a quelque chose à retenir de cette drôle de transaction.

On dit souvent qu'un bon vendeur est capable de vendre n'importe quoi à n'importe qui. C'est faux. Un bon vendeur ne vend pas. Un bon vendeur crée de la valeur pour ses clients. Est-ce le cas ici ?

Mots-clés

Client/valeur/éthique.

Le gratuit paye

En 2008, démarrage de la crise immobilière aux États-Unis. De nombreuses familles ont commencé à avoir des difficultés pour faire face aux échéances de leur emprunt pour leur maison. C'est ce qui est arrivé à un Américain.

Il n'était pourtant pas à plaindre au niveau professionnel : c'était un programmeur reconnu et expérimenté dans une grande entreprise informatique. Mais voilà…

C'est alors qu'il se souvient avoir entendu parler de ces types qui ont fait fortune en créant des applications pour iPhone.

Il n'y connaît rien, à la programmation d'applications. Mais il se lance, et il y passe des nuits, en plus de son travail.

Et il crée donc une application, qu'il met en vente pour quelques dollars sur l'App Store. Les premiers jours, il gagne plusieurs milliers de dollars, et puis plus rien. La stagnation.

Il lui vient alors une autre idée. Faire une version simplifiée de l'application, gratuite. C'est le succès : l'application sera téléchargée 2 millions de fois ! Et la version payante, dont il avait même baissé le prix, lui rapportera 35 000 dollars en un seul jour, le plus faste de la carrière de ce jeu baptisé iShoot.

Ce qu'il faut retenir, c'est que parfois, il faut savoir donner pour recevoir.

Mots-clés

Stratégie/valeur/résultat/équilibre/simplicité/win-win.

Coca en stock

On sait que Coca-Cola a été inventé par un pharmacien aux États-Unis. On sait aussi qu'il s'était inspiré d'une invention française. Qu'il a contenu de l'alcool, jusqu'à 8 mg de cocaïne, aussi, jusqu'au début du XXe siècle. Et qu'aujourd'hui cette boisson est un très grand succès…

Mais savez-vous quelle quantité de cette boisson devenue mythique s'est vendue la première année de son existence ? Neuf verres !

Aujourd'hui : 1,5 milliard de bouteilles et canettes chaque jour…

Imaginez si l'inventeur du Coca-Cola avait renoncé, s'il avait jeté l'éponge au bout de cette première année !

Il m'est déjà arrivé, et à nous tous, de renoncer à des idées nouvelles pour des résultats moins insatisfaisants que ceux-là… Les neuf verres de Coca-Cola me font dire que nous aurions tous avantage à y réfléchir à deux fois avant d'abandonner une idée, un projet…

Mots-clés

Vision/confiance/innovation/persévérance.

L'effet boomerang

C'est bientôt la fête au village. La grande compétition annuelle des fermiers s'annonce particulièrement disputée. C'est à qui aura réussi à faire pousser les plus beaux champs de céréales. L'un des fermiers candidats est à court d'une certaine variété de céréales. Il va donc demander à son voisin s'il en a pour le dépanner. Le voisin en question lui donne alors des graines de ses meilleures céréales.

Un autre voisin est témoin de la scène et observe sans rien dire. Un peu plus tard, il va quand même voir le fermier généreux et lui dit : « Tu es fou, tu ne veux donc pas gagner ? Pourquoi lui as-tu donné tes meilleures graines ? »

Et là, le fermier lui répond : « Tu as oublié le vent. Tout ce que je lui donne me reviendra en pleine face ! »

Tout comme le loup peut se déguiser en agneau, la solidarité peut parfois masquer une ruse.

Mots-clés

Compétitivité/force/clairvoyance/résilience/sérendipité.

Petit début, grand succès

Les glaces Ben & Jerry's, vous connaissez… Des parfums de folie : comme Coffee, Coffee BuzzBuzzBuzz !, Caramel Chew Chew, etc. C'est un grand succès d'entreprise, dans le monde entier. Un exemple pour beaucoup d'entrepreneurs.

Pourtant, au départ, Ben Cohen et Jerry Greenfield, les deux fondateurs, ont commencé tout petit. L'un a commencé par faire des études de poterie, et l'autre par rater deux fois l'entrée à l'école de médecine. Puis ils ont appris à fabriquer des glaces en prenant des cours par correspondance ! Mieux encore. Pour se lancer, ils ont ciblé tout petit : ils se sont installés dans la seule ville universitaire qui ne disposait d'aucun glacier, en occupant une ancienne station-service désaffectée.

Et pour cause : Burlington a beau être la plus grande ville du Vermont, presque l'État le moins peuplé des États-Unis, avec ses 42 000 habitants, c'est une naine à côté des grandes villes du pays. Bref, Ben et Jerry ont commencé petit… Mais ils avaient déjà leur concept de parfums bien différents des autres marques de glaces. Burlington a été leur laboratoire. Et ils ont su voir plus grand quand l'opportunité s'est présentée. Jusqu'à revendre l'entreprise à Unilever pour plus de 300 millions de dollars.

Plutôt que d'engager de grands moyens pour démarrer un projet, le tester à petite échelle peut parfois se révéler bien plus payant.

Mots-clés

Simplicité/humilité/sécurité/résultat/discrétion/vision/entreprise apprenante.

Ou l'inverse…

© Groupe Eyrolles

Il faut voir grand

Les Américains sont plutôt bien pourvus en millionnaires. Du coup, ils les analysent, ils les étudient. Et ils ont fait une découverte assez étonnante.

On note que 80 % des multimillionnaires ont grandi dans des familles de la classe moyenne ou de la classe ouvrière.

Et quand on leur demande quel est leur secret… Certains vous donnent des soi-disant recettes, aussi simples en apparence qu'inefficaces quand on essaie de les mettre en pratique.

Et puis, il y a ceux qui vous disent des choses utiles. J'ai lu les paroles de l'un d'entre eux. Voici ce qu'il dit : « Le plus grand obstacle sur le chemin qui mène à la richesse, c'est la crainte. Les gens s'imaginent que voir grand, ce n'est pas pour eux. Mais quand on pense petit, on ne peut réaliser que de petites choses. »

Il y a une seule chose à retenir de cette phrase. Où que l'on soit positionné, quel que soit notre statut : voyons grand !

Mots-clés

Ambition/efforts/action/vision/mesure.

Un apporteur d'affaires inattendu

Cela se passe dans une entreprise qui fabrique et commercialise des chaussures sous ses propres marques, aux États-Unis. Le président avait décidé de la fermer pendant deux jours pour que tous les employés, absolument tous, puissent se réunir et réfléchir afin de trouver des pistes d'avenir vers lesquelles l'entreprise pourrait s'orienter. Une technique de travail en groupe bien connue, qu'on appelle l'*open space*, a été mise en œuvre : tout le monde a été réuni dans un grand hall de production de l'entreprise, et des groupes de

© Groupe Eyrolles

travail autogérés se sont mis en place. Le processus battait son plein. Managers et ouvriers mêlés. Un agent de sécurité circulait au milieu des groupes, pour s'assurer que toute cette énergie restait bien canalisée. Ce n'était même pas un employé de l'entreprise, c'était un prestataire extérieur, mais au bout d'un moment, il finit par s'asseoir sur une chaise, autour de la table d'un groupe de travail. Et le plus naturellement du monde, il déclara à tout le groupe quelque chose comme : « Moi qui passe le plus clair de mon temps debout, j'aimerais bien avoir le genre de chaussures confortables que vous fabriquez ! Malheureusement, ça ne risque pas d'arriver : elles ne cadrent pas vraiment avec le *dress-code* des agents de sécurité ! »

Aussitôt, le groupe se mit à brandir des chaussures de l'entreprise, à discuter avec l'agent de sécurité, à commencer à découper les chaussures, à en assembler plusieurs morceaux entre eux…

Leur piste d'avenir, ils la tenaient !

Avec plusieurs dizaines de millions de dollars de chiffre d'affaires à la clé, ce qui, à l'échelle de l'entreprise, était assez conséquent (avec la crise, je ne pense d'ailleurs pas qu'une quelconque entreprise crache dessus)…

Mots-clés

Ouverture/intelligence/collaboration/participation/créativité/ dynamisme/esprit d'équipe/spontanéité/crise/solution.

Recessionista

La crise, la récession, peut-elle créer de nouvelles opportunités ? Pas sûr… Mais elle peut stimuler la créativité, et cette créativité est… créatrice d'opportunités.

Exemple, dans la mode : dès 2009, les créateurs ont trouvé de l'inspiration dans la récession.

Vivienne Westwood, l'une des grandes créatrices de mode actuelles, a proposé cette année-là dans sa ligne Gold Label des costumes élimés qu'on aurait cru sortis des *Misérables* de Victor Hugo, des tailleurs qu'on aurait dit… taillés dans des tentures, avec de gros points de couture, recouverts d'une cape réalisée à partir d'une couverture militaire.

Et elle conseillait ceci : *« Achetez moins, portez des vestes trop grandes en guise de manteaux, boutonnez vos corsages de travers pour l'asymétrie… »* Elle est même devenue coach pour recessionista, fashionista, mais à la mode… récession.

Martin Margiela, un autre créateur en vogue, proposait, lui, des moitiés de vêtements, histoire de faire des économies !

Maintenant, réfléchissons, chacun à notre niveau : et si nous aussi, nous regardions d'un œil neuf, créatif, les différents points de crise auxquels nous sommes confrontés, pour y trouver des opportunités ?

Ce n'est même pas de l'opportunisme, c'est du bon sens.

Ce sont les clients qui en parlent le mieux

« La vraie question aujourd'hui : comment continuer à rêver ? »

Un responsable stratégique d'une organisation

Comme il est facile de se perdre dans des banalités ou de la théorie, quand on parle du fameux « esprit client » ! Une histoire mettant en scène la relation client la rendra beaucoup plus concrète.

Un pourboire adéquat

Nasruddin Hodja, le célèbre personnage de contes oriental, a des choses à nous dire en matière de relation client.

Il est un jour allé aux bains publics, habillé très simplement, parce qu'il n'avait, ce jour-là, rien d'autre à se mettre sur le dos. Et là, on lui donne un vieux peignoir de bain et une serviette presque transparente tellement elle était usée !

Nasruddin ne dit rien. Il donne un très beau pourboire aux employés et s'en va.

La semaine suivante, il revient. Il est, cette fois, traité comme un roi. Et en partant, il donne un tout petit pourboire.

Les employés s'indignent : « Comment, après tout ce que nous avons fait pour toi, tu ne nous donnes qu'un misérable pourboire, alors que la dernière fois, tu nous en avais donné un très généreux ! »

Et Nasruddin de répondre : « La dernière fois, c'était un pourboire pour le service offert aujourd'hui, et le pourboire d'aujourd'hui, c'est pour le service de la dernière fois ! »

Pour obtenir de la constance de la part de ses clients, encore faut-il offrir soi-même un service constant en qualité.

Mots-clés

Client/service/satisfaction/équité/constance/mesure.

Gavage

Ce que vous allez entendre s'est réellement produit, ce n'est pas une blague. Un institut d'études a fait une enquête sur l'accueil des clients au téléphone par de grandes entreprises.

Et voilà comment la standardiste de l'une de ces entreprises a répondu à un « vrai-faux » client qui lui demandait s'il y avait une offre de carte de fidélité : « Non ! Ça nous a gavés, on ne fait plus ce genre de choses ! »

Ou cette autre réponse, dans une autre entreprise. Là, le « vrai-faux » client demande l'adresse postale du service client, et la standardiste lui dit : « Je ne sais pas », et elle raccroche.

Il est facile de dire que le client est roi. On peut créer plein de programmes de gestion de la relation client… Ériger l'esprit client en règle d'or… Mais c'est avant tout dans les détails que tout cela se juge !

Mots-clés

Relation/respect/qualité/culture.

On n'est pas obligé d'aimer son métier

Michel Sardou, vous connaissez ? Le chanteur… Sa mère était également connue : Jackie Sardou. Elle était actrice de théâtre, c'était aussi une des stars de l'émission *Les Grosses Têtes* : avec sa voix de titi parisien et son sens de la repartie, elle faisait un malheur !

Elle a un jour dit à son fils sur un plateau de télévision : « *Tu as aimé ton public, tu n'as pas aimé ton métier.* »

C'est vrai et Michel Sardou l'assume : il n'aime pas le métier et le monde du show-business, mais il aime ceux qui écoutent ses chansons.

Transposé au monde de l'entreprise : il vaut mieux aimer ses clients plutôt que son métier pour être en phase avec le monde d'aujourd'hui. Et, comme Michel Sardou, même si, à l'extrême, on n'aime vraiment pas son métier, cela n'empêche pas le succès d'être au rendez-vous. Si l'amour du client est là…

Mots-clés

Sens des priorités/empathie/performance/plaisir.

Une expérience client de légende

C'est tellement énorme, dans le registre des expériences de service client, que l'on pourrait croire à une légende urbaine plus qu'à une réalité. Pourtant, cette expérience client est complètement vraie, elle a réellement été vécue et est devenue… légendaire !

Cela se passe dans la chaîne de magasins de vêtements Nordstrom, largement présente aux États-Unis et au Canada. En fait, cette enseigne est la référence du service client en Amérique du Nord : pratiquement tous les vendeurs de toutes les entreprises ont entendu parler d'expériences clients étonnantes, chez Nordstrom.

Un jour, donc, dans un magasin Nordstrom, un chef de rayon surprit une cliente à genoux en train de palper le sol. Elle venait de perdre le diamant qui ornait sa bague et ne le retrouvait pas. L'employé chercha avec elle, sans succès. Il fit venir d'autres employés, sans plus de succès, mais sans renoncer. Finalement, ils parvinrent à retracer le cheminement du diamant et à le récupérer : il se trouvait au milieu de la poussière et des détritus, dans l'un des aspirateurs du magasin.

Plus fort encore, peut-être : cette autre expérience client spectaculaire chez Nordstrom. Un consommateur arriva un jour à l'accueil d'un de leurs magasins avec deux pneus de voiture défectueux à la main. Nordstrom ne vend pas de pneus – la chaîne vend des vêtements –, mais le magasin avait pris la place, il y a peu de temps, d'un magasin de pneus ! Que fit le gérant du magasin ? Il lui reprit ses deux pneus et l'indemnisa !

Gagner la fidélité de ses clients ne passe pas par des actions spectaculaires, ponctuelles, mais s'inscrit dans la durée, et au moyen d'actions concrètes. Une légende se construit, elle ne se décrète pas.

Mots-clés

Engagement/efficacité/excellence/différenciation/professionnalisme/ spontanéité/service/culture.

© Groupe Eyrolles

Priorité : réactivité

Vous connaissez Twitter ? Pour résumer, vous avez droit à 140 caractères, pas un de plus, pour vous exprimer et communiquer avec d'autres utilisateurs sur ce média social du Web : on appelle ce genre de message un *tweet*.

Parfois, cela peut suffire pour communiquer avec une marque, un prestataire de services, et obtenir bien plus qu'on aurait pu imaginer…

C'est l'expérience qu'a pu en faire le client d'une chaîne de restauration américaine, qui a un réseau de restaurants de type *steakhouse*. Il allait embarquer sur un vol intérieur pour rentrer chez lui, à peu près à l'heure du dîner, et n'avait pas eu le temps de se restaurer avant le départ. Par dépit, et sans espoir particulier, il envoie un *tweet*, à destination du compte Twitter de sa chaîne de restaurants préférée : « Hé ! Vous ne pourriez pas m'attendre à l'arrivée avec un menu quand j'atterrirai dans 2 heures ? ☺ »

Il a été pris au mot : lorsqu'il est descendu de l'avion, un employé de la chaîne de restaurants l'attendait, avec à la main un sac contenant… son menu et même quelques bonus !

Le tweet *avait été lu, un responsable avait donné son aval, la cuisine avait réalisé la commande et un employé avait parcouru 20 km depuis le restaurant le plus proche pour venir la lui livrer à l'aéroport !*

Mots-clés

Esprit client/confiance/excellence/efficacité/dynamisme/ouverture/service/réseau.

© Groupe Eyrolles

4

Des exploits exemplaires

Quand on pense « exploits », cela éveille forcément des images sportives. Mais l'exploit peut se rencontrer dans bien d'autres registres. La nature, l'espace, la musique et même l'imaginaire sont des terrains particulièrement fertiles. Et pour peu que l'exploit ne soit pas trop inaccessible, il peut être une excellente source d'inspiration dans les entreprises.

Morceaux de bravoure

> *« Avec une histoire commune, et communément reconnue,*
> *vous avez un bon modèle pour construire une organisation créative. »*
>
> Robert Shapiro, ancien président du directoire de Monsanto

Nous avons toujours un attrait particulier pour les exploits, quels qu'ils soient. Ils nous impressionnent et nous font envie. En voici de différents types : sportifs, défis personnels…

Karaté Kid

C'est un jeune garçon né avec un bras en moins. Le droit. On imagine le genre de vie qu'il peut avoir en grandissant, mais ce n'est pas de cela que je veux vous parler…

Ce garçon demande un jour à ses parents de le laisser faire du karaté. Il devient rapidement un habitué du dojo dans lequel ses parents l'ont inscrit.

Voilà maintenant qu'il lui prend de vouloir participer à une compétition. Il demande donc à son professeur de karaté s'il pense que ce serait jouable. Ce dernier lui répond que « oui », pour peu qu'il suive ses conseils.

Au cours des semaines qui suivent, le professeur apprend un seul mouvement de karaté au jeune garçon. Dans le même temps, les autres karatékas du club, eux, en apprennent plein, des mouvements.

Et rien à faire. À toutes les demandes du garçon d'avoir droit aux mêmes cours que ses camarades, le professeur refuse.

Arrive le jour de la compétition. Le jeune garçon franchit un tour, puis deux, trois en battant chaque fois des garçons tout ce qu'il y a de plus valides, et toujours avec le même mouvement, le seul qu'il connaisse.

Il parvient même en finale et la gagne.

Épaté, il demande à son professeur comment cela est possible. C'est alors que ce dernier lui apprend que la seule façon de contrer le mouvement de karaté qu'il lui a appris, c'est de saisir le bras… droit de celui qui l'exécute.

Quand on est manifestement moins fort que ses adversaires, essayer de les rattraper présente un coût d'opportunité nettement moins favorable que de passer le même temps à analyser sa propre faiblesse pour en tirer quelque chose de positif. À l'arrivée : faites en sorte que le seul moyen de vous vaincre soit de vous prendre quelque chose que vous n'avez pas !

Mots-clés

Stratégie/force/avantage/aptitudes.

Le défi d'Hector

Hector Picard est américain. Il y a un peu plus de vingt ans, il était électricien. Et, un jour, une intervention s'est très mal passée : une décharge de 13 000 volts a traversé son corps. Hector Picard a survécu, mais a dû être amputé complètement d'un bras jusqu'au haut du torse, et d'une bonne partie de l'autre bras.

Il est clair qu'il a dû lui falloir beaucoup de temps pour retrouver un peu d'autonomie.

Et il y est arrivé bien au-delà de tout ce que nous pouvions imaginer !

Aujourd'hui, Hector Picard fait des triathlons – il en a déjà couru plus de 50 à ce jour. Récemment, il a parcouru 2 000 km à vélo, entre le sud des États-Unis et New York : tout au long du trajet, il a donné des conférences et récolté des fonds pour une association.

Que peut-on en retenir ? Cela va plus loin qu'un exploit sportif, qu'un dépassement de soi. Hector Picard nous montre que l'on peut dépasser ce qui ressemble à des faiblesses pour s'en servir avec courage et astuce. Dans tous les cas, rapporté à notre monde, celui de l'entreprise, peu importe que nous ayons ou non le meilleur produit du marché. Il y a d'autres moyens d'atteindre notre but.

Mots-clés

Stratégie/persévérance/courage/intelligence/résilience.

Le prêtre et le fermier

Un vieux fermier vivait dans un coin très isolé. Mais le dimanche, il n'hésitait pas à parcourir de nombreux kilomètres pour rejoindre le lieu de culte de sa religion, et assister à l'office car il était très croyant.

Et en ce jour d'hiver très rude, il fallait effectivement l'être, très croyant, pour braver le froid glacial, le vent qui tourbillonnait et la neige qui ne cessait de tomber depuis des heures.

Quand il arriva à destination, il s'aperçut qu'à part lui et le prêtre, il n'y avait personne !

Après avoir attendu encore un petit moment, le prêtre dit au fermier : « Je ne suis pas sûr que cela vaille la peine de célébrer l'office, nous ferions mieux de rentrer chez nous, dans nos maisons bien douillettes et avec une boisson bien chaude pour nous réchauffer, non ? »

Le fermier lui répondit : « Je ne suis qu'un fermier, mais quand je vais nourrir mon bétail, si une seule bête daigne se montrer, je ne me vois pas repartir en la laissant affamée ! »

Le prêtre comprit le message et, un peu désabusé, il célébra l'office, en faisant sonner les cloches, en chantant des hymnes religieux et en lisant des extraits de livres sacrés. Cela dura bien deux heures.

« Êtes-vous satisfait ? » demanda le prêtre au fermier, lorsqu'ils quittèrent tous les deux le lieu de culte.

« Je ne suis qu'un fermier, lui répondit encore le fermier. Mais quand je vais nourrir mes bêtes et qu'une seule daigne se montrer, je ne la force pas à avaler ce que j'avais prévu pour tout le troupeau ! »

À méditer, dans ces moments où l'entreprise utilise un canal grand public, prenant à témoin la terre entière pour s'adresser, au final, à une toute petite portion de ses cibles.

Mots-clés

Tempérance/équilibre/adaptation/empathie.

Un mal pour un bien

Souffrir d'épilepsie est un vrai handicap. Il y a pire, cela n'empêche pas de vivre, mais tout de même…

Diane Van Deren est américaine et épileptique, et cela ne l'a jamais empêchée d'être une sportive de haut niveau – elle a même été joueuse de tennis professionnelle pendant quelques années. C'est aussi une spécialiste du marathon.

Ce n'est pas ce qui est le plus exceptionnel chez elle. Il y a quinze ans, elle a décidé de subir une opération pour tenter d'éliminer cette maladie. C'était une opération à risques : avec des risques de dommages pour le cerveau. L'opération a réussi : finie l'épilepsie. Mais Diane Van Deren a subi en même temps des lésions cérébrales. Elle a perdu certaines perceptions sensorielles, celle du temps qui passe, par exemple, et d'autres…

Est-ce que vous avez une petite idée de la manière dont sa vie a pu changer ?

Eh bien, aujourd'hui, Diane Van Deren est devenue une as des ultramarathons, des courses sur des distances de plus de 80 km ! Elle a même établi un nouveau record d'une course de 1 000 miles, plus de 1 600 km ! L'un des secrets de ses performances vient… de ses lésions cérébrales : puisqu'elle n'est pas sensible à la distance parcourue et qu'elle est moins sensible à la douleur que les autres concurrents !

Aussi handicapantes qu'elles paraissent, bien utilisées, des faiblesses peuvent devenir des forces.

Mots-clés

Challenge/progrès/excellence/ressources/vitalité/spontanéité.

© Groupe Eyrolles

La carte de la montagne

Un groupe de cadres dirigeants d'une grande entreprise s'était donné comme projet de gravir une montagne. Après une bonne journée de marche, l'objectif de l'équipe, qui était de parvenir au sommet, était atteint et elle y planta donc son drapeau. Après une petite fête, il était maintenant grand temps de redescendre de la montagne.

Avec le soleil qui se couchait de plus en plus vite, les membres du groupe commençaient à chercher leur chemin.

Le groupe était plein de confusion. Personne n'avait d'idée sur le chemin à prendre, et des conflits internes commençaient à faire craindre que le groupe ne sombre dans le chaos. Jusqu'à ce que l'un des membres sorte une carte de son sac. Tout le monde se calma alors. L'équipe trouva son chemin et quand le soleil se mit à briller de nouveau, les membres du groupe regardèrent la carte… Et ils se rendirent compte que… ce n'était pas une carte de la montagne.

L'autosuggestion, ça peut fonctionner !

Mots-clés

Persuasion/illusion/résultats/ressource/sérénité.

Saisir sa chance

Paul Galvin a fondé Motorola. Une belle entreprise.

Mais avant d'en arriver là, Paul Galvin avait tout du *loser* !

Il s'était lancé plusieurs fois dans des projets d'entreprises de fabrication de batteries promis à la faillite (et avec effectivement des faillites au bout !)… La dernière faillite en date avait été causée par un défaut dans la chaîne de fabrication… qui n'avait même pas pu démarrer.

© Groupe Eyrolles

Mais il n'était pas homme à renoncer. Presque pour la forme, puisque son entreprise n'existait déjà plus, il tenta tout de même de résoudre ce défaut… Et presque par hasard, il inventa par la même occasion le procédé qui permettra à des radios à piles de fonctionner sur secteur. Une vraie révolution !

Il racheta aussitôt ses machines mises aux enchères et débuta la fabrication en 1928, sans même avoir de quoi payer le loyer du local de production… La suite est une belle histoire.

C'est un peu la mise en pratique du « droit de se tromper » cher à Google.

Mots-clés

Sérendipité/persévérance.

L'apprenti magicien

Un jour, il y a très longtemps, dans un monde imaginaire ou non (qui sait ?), un jeune homme rend visite à un vieux magicien et lui dit : « Je veux apprendre la magie ! »

« C'est possible », lui répond le magicien.

« Combien de temps est-ce que cela prendra ? »

« De nombreuses années », répond le magicien.

« Et si je veux apprendre vite ? » demande le jeune homme.

« De nombreuses années », répond encore le magicien.

« Et si j'étudie vraiment très dur ? »

« De nombreuses années », répète encore et sans se lasser le magicien.

« Je ne vous crois pas, et je vais vous le prouver », dit le jeune homme en partant. Il n'avait pas l'air content.

Il rentre chez lui et s'entraîne jour et nuit. Il répète les formules magiques devant son miroir, inlassablement, jusqu'à ce qu'il maîtrise parfaitement le geste, les formules magiques, sa voix…

Et quand il se sentit prêt, il s'inscrivit à l'examen pour devenir magicien.

Là, on lui demande de changer très classiquement du plomb en or.

Il fait tout comme devant son miroir… Rien ne se passe. Il essaye à nouveau, et puis encore : échec, échec, échec.

Il échoue, donc.

Complètement abattu, il se tourne vers le vieux magicien, qui fait partie du jury, et lui dit : « Comment ai-je pu échouer ? J'ai passé tellement de temps à apprendre les formules magiques… »

Le vieil homme lui répond : « Ne le vois-tu donc pas ? Ce n'est pas une question de formules, c'est une question d'enchantement ! »

Personne n'est jamais en attente d'incantations : d'enchantement, par contre… Combien de fois, pourtant, nous en tenons-nous aux mots, en leur faisant une confiance aveugle, sans chercher ce plus : l'enchantement de ceux à qui nous destinons ces mots.

Mots-clés

Engagement/connexion/efficacité/leadership/différence/plaisir.

La Nasa ne veut plus oublier

La Nasa a oublié comment on va sur la Lune. La nouvelle, qui n'est pas très nouvelle en réalité, est peu connue : la Nasa n'en est pas fière…

Bon, la mission sur la Lune a été un succès, on le sait, aucun doute là-dessus. Tout s'est bien passé… Mais tout ne s'est pas passé comme prévu !

Le manuel de la mission indiquait ce que chaque ingénieur au sol devait faire, à chaque étape, et ce que les astronautes devaient, eux aussi, faire, de leur côté. Mais à certains moments, la procédure indiquée n'a pas fonctionné. Les ingénieurs et l'équipage ont dû improviser, sur le vif.

Et, bien entendu, ces improvisations n'ont pas été consignées par écrit.

Dans la joie du succès, personne n'a pensé non plus à recueillir ces bonnes pratiques après coup.

Des années plus tard… il était trop tard. Les ingénieurs étaient pour la plupart à la retraite, certains, même, morts. Ceux qui restaient avaient, bien sûr, en partie oublié ce qu'ils avaient bien pu imaginer à l'époque pour assurer le succès de la mission…

Aujourd'hui, la Nasa a mis en place une démarche de *knowledge management,* pour que plus jamais elle n'oublie comment réaliser l'un de ses plus grands exploits.

On peut passer des heures à énoncer des arguments pour tenter de convaincre ses interlocuteurs de l'intérêt du knowledge management… *ou quelques minutes, en racontant cette histoire !*

Mots-clés

Partage/connaissance/*knowledge management.*

Le cheval chanteur

Un paysan, accusé d'un délit, est amené devant le roi.

« Je vais te faire couper la tête », dit le roi.

Le paysan implore alors sa pitié.

« Pourquoi devrais-je t'épargner ? » lui demande le roi.

Le paysan lui répond : «Donnez-moi un an et j'apprendrai à chanter à votre cheval préféré. »

Le roi est sceptique, mais il accepte. Après tout, qu'est-ce qu'il risque ? Si, dans un an, le paysan n'a pas réussi, il lui fera couper la tête, tout simplement. Rien ne presse…

Alors que le paysan rentre chez lui, l'un de ses amis, qui a tout entendu, l'attrape par le bras et lui dit : « Mais tu es fou, jamais tu n'arriveras à apprendre à chanter à un cheval ! »

Et le paysan de lui répondre : « On ne sait jamais. J'ai douze mois. Pendant ce temps, le roi peut mourir, le cheval peut mourir, je peux mourir… Ou je pourrai apprendre à chanter à ce cheval… »

Gérer son temps, c'est envisager toutes les opportunités de pouvoir l'utiliser.

Mots-clés

Opportunités/positivisme/temps.

Les statisticiens font mouche

C'est trois statisticiens. Ils vont ensemble à la chasse. Très vite, ils repèrent un faisan. L'un des statisticiens épaule son fusil, tire… et la balle passe un peu trop à droite.

Par miracle, l'oiseau ne bouge pas.

Un deuxième statisticien épaule à son tour son fusil, tire, et cette fois la balle passe un peu trop à gauche.

Le troisième baisse alors son arme et dit aux deux autres : « Excellent tir, les amis, je dois reconnaître que si on fait la moyenne, on l'a eu ! »

Évidemment, ce n'est pas une histoire vraie, cela ressemble même à une blague. Mais combien de fois voyons-nous, dans le monde de l'entreprise, chez nos interlocuteurs, nos fournisseurs, nos clients, et dans nos propres comportements, des gens se réfugier derrière une supposée rationalité, des méthodes censées être infaillibles, pour, en réalité, faire de l'à-peu-près, ou être dans l'inexactitude la plus totale. Ou pis encore : raisonner en termes de moyenne, plutôt que de chercher à satisfaire la demande spécifique de notre interlocuteur.

Mots-clés

Précision/professionnalisme/éthique/illusion.

Le talent humain

Nous avons tous étudié la vie, et surtout l'œuvre, d'Henry Ford à un moment (voire à plusieurs !) de notre scolarité : le fordisme, une organisation du travail qui a révolutionné l'industrie, des voitures mythiques (la Ford Mustang…).

C'était un homme très ingénieux, depuis son plus jeune âge : enfant, il s'amusait déjà à démonter et remonter le mécanisme de sa montre et de celle de ses amis.

À 32 ans, il construit sa première voiture, dans la cabane à outils de son jardin !

Il n'a pas commencé comme patron, il a gravi les échelons un à un…

Pourtant, on ne le sait pas, mais Henry Ford savait à peine lire et écrire !

Il faut savoir détecter le talent au-delà des apparences.

Mots-clés

Préjugés/savoir-faire/capacités.

© Groupe Eyrolles

Le roi du tir à l'arc

Un archer très réputé arrive dans un village. Tout au long du chemin, il a remarqué que quelqu'un s'est apparemment énormément exercé au tir. Il y a des flèches plantées un peu partout dans des cibles. En plus, l'archer en question est vraiment très doué : quelle que soit la position de la cible, et même si celle-ci est très grossièrement tracée à la craie, la flèche est à chaque fois au centre !

Impressionné par ces performances, l'archer demande à voir ce confrère inconnu. Et on l'amène jusqu'à un jeune garçon !

L'archer lui demande, étonné : « Est-ce toi qui as touché toutes ces cibles en plein dans le mille ? »

L'enfant confirme.

« Et comment as-tu fait ? »

« Facile, répond le garçon. D'abord, je tire les flèches, et ensuite, je trace la cible autour. »

Regarder un problème par l'autre bout de la lorgnette peut se révéler payant.

Mots-clés

Résultat/astuce/simplicité.

La prouesse des autistes

Un éducateur travaillait avec des enfants autistes. Ils étaient atteints d'une forme grave de la maladie. C'était à tel point qu'il devait leur apprendre à marcher, alors qu'ils avaient normalement largement l'âge de marcher, et depuis longtemps.

Il commença par attacher une corde entre deux chaises, et à les faire marcher d'une chaise à l'autre en se tenant à la corde. Ensuite,

© Groupe Eyrolles

l'éducateur remplaça la corde par un bout de ficelle, et les fit marcher à nouveau. Puis, il positionna du coton, et les enfants marchèrent le long du coton. Et finalement, les enfants parcoururent la distance entre les deux chaises sans se tenir à quoi que ce soit.

La méthode « pas à pas » est bien connue. Illustrée par un exemple, elle devient un savoir-faire.

Mots-clés

Autonomie/résultat/progression/knowledge management.

Oser le fantastique

« Raconter une histoire ou écouter une histoire : c'est la seule chose que nous ayons qui soit capable de surenchérir sur la vie elle-même. »

Colum McCann, écrivain (*Et que le vaste monde poursuive sa course folle*, élu meilleur livre de l'année en 2009)

Animaux qui parlent, éléments naturels qui prennent vie… Le fantastique a quelque chose de magique. Il peut être complètement déconnecté de la réalité et pourtant avoir un sens, une vraie pertinence.

Les chats parlant

Évidemment, les chats ne parlent pas. Ce serait ridicule de prétendre le contraire. Sauf que là, pour une raison totalement inconnue, un vrai mystère de la science : deux chats sont face à face, et ils parlent. Et voilà ce qu'ils se disent. L'un est un jeune chat, et l'autre un chat plus âgé. Le plus âgé voit que l'autre cherche à attraper sa queue – beaucoup de chats font ça – et lui demande : « Pourquoi cherches-tu à attraper ta queue ? »

Le plus jeune, lui aussi parle, bien sûr, répond à son aîné : « J'ai appris que la meilleure des choses pour un chat, c'est d'être heureux, et que le bonheur se trouve dans ma queue. »

Le chat plus âgé réplique alors : « Oh, mon petit, moi aussi je me suis posé des questions existentielles comme celle-là. Je me suis aussi dit que le bonheur se trouvait dans ma queue. Et pour finir, je me suis aperçu qu'à chaque fois que j'essayais d'attraper ma queue, c'était comme si elle s'enfuyait. Mais quand je vaque simplement à mes occupations, elle semble me suivre partout où je vais. »

C'est une évidence. Tellement évidente qu'on peut se demander si l'on avait vraiment besoin de faire appel à des chats qui parlent comme dans des dessins animés !

Mais parfois, quand on a perdu le contact avec l'évidence, il faut faire un petit détour par l'imaginaire pour le retrouver.

Mots-clés

Expertise/clairvoyance/simplicité/tempérance/intuition.

Le scorpion et la grenouille

Un scorpion et une grenouille sont chacun sur l'une des berges d'une rivière. Le scorpion appelle la grenouille : « Peux-tu me transporter sur ton dos et me faire passer la rivière ? »

La grenouille lui répond : « Bien sûr que non, tu vas me piquer ! »

Le scorpion lui dit alors : « Réfléchis donc, si je fais cela, nous coulerons tous les deux ! »

La grenouille accepte donc.

Alors qu'ils sont au milieu de la rivière, le scorpion rompt sa demi-promesse et pique la grenouille.

Pendant qu'ils sont en train de couler, la grenouille demande au scorpion : « Pourquoi as-tu fait cela, nous allons mourir tous les deux ? »

« Parce que c'est dans ma nature », répond le scorpion, juste avant de se noyer.

Le changement n'est possible que jusqu'à un certain point.

Mots-clés

Réalisme/fatalité/responsabilité/empathie/fiabilité/générosité/crédibilité.

Peau de croco

En Afrique, on a une explication : si les crocodiles ont une peau qui a cet aspect si particulier, si étrange, ce n'est pas le fruit du hasard ni de l'évolution-adaptation de l'espèce à son environnement, ou quelque autre explication que ce soit.

Évidemment, cette explication ne repose sur rien de rationnel, c'est une pure fiction !

Mais…

Le crocodile, donc, avait au départ une peau magnifique, douce et dorée. Et elle le restait parce qu'il se tenait toute la journée couché dans une mare d'eau boueuse. Il ne sortait que la nuit. Et là, il se laissait admirer par tous les autres animaux des bois, de la savane et des marais réunis.

Le crocodile en était très fier, et il commença à sortir même de jour pour se faire admirer. Il commença à se sentir supérieur aux autres animaux et à se moquer d'eux, à les mépriser sans même s'en cacher. Ce changement de comportement finit par ennuyer les autres animaux qui se détournèrent de lui et cessèrent de regarder sa peau.

Au fur et à mesure qu'il se dorait au soleil, sa peau devenait d'ailleurs de plus en plus vilaine. Elle perdit rapidement toute sa beauté pour avoir bientôt l'aspect qui est le sien aujourd'hui.

L'autocentrage finit toujours par lasser.

Mots-clés

Humilité/lucidité/arrogance/autosatisfaction/apparences/auto-destruction.

Le tonnerre et l'éclair

En Afrique, on dit qu'il y a très longtemps, le tonnerre et l'éclair vivaient sur terre, au milieu des hommes.

Le tonnerre était la mère et l'éclair son enfant.

Aucun des deux n'était très populaire. Lorsque quelqu'un offensait l'éclair, il se mettait dans une colère énorme, et il brûlait tout sur son passage. Arbres, champs, fermes, et leurs occupants à l'occasion.

Quand le tonnerre apprenait les méfaits de l'éclair, lui aussi se mettait en colère : il élevait la voix, souvent très fort.

Tous leurs voisins étaient, eux aussi, très énervés : d'abord par les dégâts de l'éclair, et ensuite à cause du bruit que faisait le tonnerre quand il élevait la voix.

Les villageois se plaignirent au roi, qui finit par exiler les deux terreurs en périphérie du village avec interdiction d'y remettre les pieds.

Mais ce n'était pas encore assez : l'éclair continuait, à distance, à chercher la bagarre avec ses habitants.

Le roi fut forcé d'intervenir de nouveau. Cette fois, il exila le duo encore plus loin : dans la savane.

Mais l'éclair n'était pas calmé. Il mit le feu à la savane, en pleine saison sèche, et le feu gagna les fermes des villageois. Sa mère le tonnerre continuait de tenter de le raisonner, sans succès.

Le roi se décida donc à bannir complètement le tonnerre et l'éclair de la Terre, en les exilant dans le ciel. Mais là encore, rien ne se passa comme prévu.

L'éclair continue encore aujourd'hui de s'énerver, et le tonnerre de le gronder, plus ou moins souvent…

Quand un problème se dresse face à vous, il ne sert à rien de tenter de l'éloigner : à un moment, il faut l'affronter.

Mots-clés

Courage/force/fermeté/autorité/chaos.

Un bijou précieux

C'est un marchand en route pour la capitale. Il a avec lui plein de marchandises et il compte bien en tirer un bon profit.

Le voyage est long, et il doit s'arrêter en cours de route pour passer la nuit dans une auberge.

Là, pendant la nuit, il fait un rêve extraordinaire : il rêve qu'il rencontre un autre marchand assis sous un arbre et que ce dernier tient dans ses mains un magnifique bijou. Et dans son rêve il réussit à négocier un prix suffisamment intéressant pour pouvoir faire une très bonne affaire en revendant le bijou.

© Groupe Eyrolles

Le lendemain matin, il se remet en route.

Et au bout d'un certain temps, il tombe… sur un homme assis sous un arbre. Mais ce n'est pas un marchand : c'est un simple mendiant.

À son grand étonnement, le mendiant s'écrie en le voyant : « La nuit dernière, j'ai rêvé que je rencontrerais à cette heure précise, sous cet arbre, un homme habillé comme toi. Bienvenue à toi ! »

Et le marchand lui répond : « Moi aussi j'ai fait un rêve, je rencontrais un autre marchand qui avait un bijou sublime à me vendre… »

Le mendiant fouille dans ses poches et en sort… le fameux bijou. Et il dit au marchand : « Celui-ci ? Le voudrais-tu ? »

Le marchand dit : « Bien sûr, si nous parvenons à nous entendre sur le prix. »

« Le prix ? dit le mendiant. Je ne connais rien aux histoires de prix. Mais si vous le voulez, prenez-le et que les dieux vous bénissent. » Incroyable !

Surpris et heureux à la fois, le marchand s'en va avec le bijou précieux qui lui appartient à présent, et il poursuit son chemin jusqu'à la capitale, avec l'excitation qu'on imagine.

Le lendemain, il reprend le chemin du retour et croise de nouveau le mendiant sous son arbre.

Le mendiant le salue chaleureusement et lui dit : « Vous revoilà, comme dans mon rêve ; avez-vous bien profité de ce bijou ? »

Et là, le marchand lui répond : « Non, je vous le rends, d'ailleurs. Je n'en ai pas besoin. Ce que je veux est bien plus précieux ! Je souhaite apprendre comment vous en êtes venu à pouvoir me l'offrir aussi spontanément ! »

Il y a des profits plus… profitables dans le temps que les gains à court terme.

© Groupe Eyrolles

Mots-clés

Altruisme/sens/clairvoyance/profondeur/sérénité/stratégie.

L'arbre magique

Il y avait une grande famine. Pour tous les animaux, la seule source de nourriture était un arbre magique.

Mais pour que la magie agisse, encore fallait-il se poster devant l'arbre et prononcer son nom.

Il y avait une personne qui connaissait le nom de cet arbre : une vieille femme très sage qui vivait dans le pays.

Toutes sortes d'animaux viennent alors la voir, ils sont délégués par les autres animaux pour leurs qualités de vitesse, de mémoire, leur force… Il fallait que l'un d'eux ramène ce fameux nom pour réussir à déclencher cette magie tellement précieuse !

Mais tous, les uns après les autres, sont tellement fiers de la qualité particulière pour laquelle on les admire, qu'ils passent leur temps à se vanter de connaître le nom de l'arbre magique auprès de tous les animaux qu'ils croisent… Au point de finir par l'oublier en cours de route…

Seule la tortue, très lente mais très sage, sera suffisamment lucide pour se concentrer sur le nom de l'arbre sans se laisser distraire. Et, bien sûr, elle réussit à ramener le nom à bon port.

Ne pas perdre de vue son objectif est une qualité précieuse.

Mots-clés

Stratégie/humilité/fiabilité/discrétion/tempérance/détermination/
entreprise apprenante.

Le lion, l'âne et le renard

Un jour, dans un monde évidemment imaginaire (mais ce détail n'a pas d'importance ici), un lion, un âne et un renard décident de partir à la chasse au lapin.

Ils sont très efficaces, et bientôt ils se retrouvent avec de nombreux lapins empilés les uns sur les autres.

Le lion demande alors à l'âne, puisque c'est le seul de la bande à avoir été à l'école (hé oui !), de les compter et de les partager entre eux comme il lui semble le plus juste.

L'âne se met au travail consciencieusement, puis il présente avec une grande fierté trois tas de lapins strictement identiques devant ses compères.

Le lion le regarde et le tue net d'un coup de griffe.

Et voilà qu'il se tourne vers le renard et lui dit de partager, lui aussi, les lapins de la manière la plus juste. Le renard entasse tous les lapins sur un seul tas, à l'exception d'un lapin, le plus misérable, le plus petit, qu'il garde pour lui.

Très étonné mais satisfait, le lion lui demande : « Mais qui donc t'a appris à compter ? »

Et le renard répond : « C'est l'âne. »

Ne faites jamais d'affaires avec quelqu'un qui a le pouvoir d'établir toutes les règles.

Mots-clés

Expérience/prudence/stratégie/clairvoyance/entreprise apprenante.

La naissance du premier Bushman

Vous savez ce qu'est un Bushman : un de ces indigènes qui vivent dans le sud de l'Afrique. Les Bushmen sont un peuple de chasseurs mythique. Des films leur ont été consacrés. Leurs traditions et leur culture sont uniques, étonnantes tellement elles sont particulières.

Mais il subsiste un mystère : comment est né le premier Bushman ?

En Afrique, on a une petite idée… Oui, c'est une légende, donc ce n'est pas la vérité. Mais ce n'est pas la vérité qui importe dans ce récit, c'est ce qu'il nous apprend.

Voilà donc cette légende de l'origine des Bushmen, comme elle se raconte en Afrique.

La graine de ce qui allait devenir le premier Bushman a été transportée par une abeille au milieu des eaux très agitées d'une rivière. Mais l'abeille se sentait de plus en plus engourdie et fatiguée. Elle cherchait un moyen d'atteindre le rivage sans être emportée par le courant avec son chargement. Et elle sentait la graine du premier des Bushmen se faire de plus en plus lourde. Elle commença à couler.

Juste à ce moment, l'abeille aperçut une grande fleur à demi éclose, flottant sur l'eau et attendant les premiers rayons du soleil. L'abeille déposa le premier Bushman, du moins sa graine, au cœur de la fleur. Et elle mourut. Et lorsque le soleil se leva, le premier Bushman était né.

N'est-ce pas comme cela que naissent la plupart de nos bonnes idées, dans l'entreprise ?

Et si nous prenions cette légende comme un mode d'emploi pour en trouver, ne seraient-elles pas encore mieux, plus créatives ?

Mots-clés

Créativité/croissance/défi.

Le feu et le colibri

Un jour, un grand incendie se déclenche dans une forêt. C'est le genre de feu qui dévaste tout. Évidemment, les animaux de la forêt sont en pleine panique. Ils observent tous les flammes qui montent vers le ciel, sans bouger, comme pétrifiés.

Tous, sauf un : le colibri.

Lui n'arrête pas de chercher de l'eau dans la rivière avec son bec puis de voler jusqu'au-dessus des flammes et de lâcher les quelques petites gouttes d'eau qu'il a collectées.

D'autres animaux l'interpellent. Le renard, par exemple. Il s'écrie : « Tu es fou, colibri ! Ce que tu fais ne suffira jamais à éteindre le feu ! »

Et là, le colibri lui répond : « Je le sais, je fais juste ma part du travail. »

L'addition d'efforts individuels aboutit à une performance collective.

Mots-clés

Participation/esprit d'équipe/courage/volonté/réseau.

L'oie d'or

Si quelqu'un est un jour réellement témoin de ce que je vais vous raconter, surtout ne le dites à personne : gardez tout pour vous !

Tout, même les œufs en or que ce fermier récoltait tous les jours…

Cela avait commencé un matin ordinaire : il était entré dans son poulailler, et avait trouvé un gros œuf doré et brillant sous son oie. Quand il l'avait pris dans la main, il était aussi lourd que du plomb. Il pensait qu'on lui avait joué un mauvais tour. Et alors qu'il allait le jeter à la poubelle, il décida de réexaminer l'œuf : ce n'était en fait pas du plomb, mais de l'or ! Bingo ! Son oie pondait des œufs en or !

Re-bingo : le jour suivant, et chaque jour qui suivit, l'oie pondait un nouvel œuf en or pur. Le fermier vendait ces œufs et gagnait beaucoup d'argent.

Et plus il en gagnait, plus il en voulait encore davantage.

Un jour, il en eut assez d'attendre : il éventra l'oie, pour récupérer en une fois tout cet or qui venait au compte-gouttes.

Il tue donc l'oie en lui ouvrant le ventre : et malheureusement pour lui, il n'y a strictement rien à l'intérieur…

Se focaliser uniquement sur des opportunités de gains rapides conduit souvent à l'échec.

Mots-clés

Équilibre/patience/raison/clairvoyance/tempérance/stratégie/attente.

La vieille et l'orpheline

C'est une jeune orpheline, qui vit avec sa belle-mère et la fille de cette dernière. Mmm, ça ressemble à quelque chose de connu, ça ! La pauvre fille passait ses journées à effectuer les tâches les plus dures. Un jour, la jeune orpheline était au bord de la rivière en train de nettoyer le service en argent familial, quand une petite cuillère lui échappa des mains et sombra dans l'eau. Alors qu'elle commence à pleurer, elle remarque une vieille femme, se dorant sur les rochers.

Cette dernière lui demande : « Quel est le problème, ma belle ? »

« J'ai perdu l'une des petites cuillères préférées de Mère. Elle ne me le pardonnera jamais et me frappera, c'est sûr », s'effondre la jeune fille.

« Je peux peut-être t'aider, réplique la vieille femme. Mais d'abord, peux-tu venir me gratter le dos ? »

© Groupe Eyrolles

La jeune fille prend sur elle, gravit les rochers et va gratter le dos de la vieille. Et la femme lui dit : « Avant que je t'aide, viens chez moi, je t'invite à manger. »

Une fois arrivée chez elle, la vieille prend une grande casserole, et dit à son invitée : « Nous allons faire une soupe. Remplis la casserole d'eau, ajoutes-y un haricot, un os et un grain de riz, et nous ferons un festin. »

La jeune fille regarde la vieille d'un air incrédule, mais fait ce qu'on lui demande. Et elles se retrouvent toutes deux face à un magnifique festin. C'était la soupe la plus délicieuse qu'elle ait jamais mangée. Lorsqu'elles ont fini, la vieille se lève et dit : « Je m'absente pour un petit moment, et lorsque je reviendrai nous retrouverons ta cuillère. Pendant mon absence, si un chat noir vient par ici, ne lui donne surtout pas à manger, mais bats-le avec ce bâton. » Et la vieille s'en va.

Au bout d'un moment, le chat noir arrive et miaule. La jeune fille commence par l'ignorer, puis finit tout de même par se laisser attendrir et lui donne à manger. Quand la vieille revient, la jeune fille lui annonce qu'elle doit maintenant rentrer chez elle et lui demande comment elle peut récupérer sa cuillère en argent.

« Sur le chemin du retour, tu arriveras à un croisement. Tu verras un tas d'œufs par terre. Tu en verras de gros, qui te diront : "Prends-moi !" Et des petits, qui ne diront rien. Prends l'un des petits et casse-le quand tu atteindras le croisement suivant. »

La jeune fille remercie sa bienfaitrice et fait tout ce que cette dernière lui a dit de faire. Elle choisit le plus petit des œufs et a la surprise de voir apparaître devant elle des tonnes de cuillères, fourchettes, couteaux faits du plus bel argent.

Lorsqu'elle rentre chez elle, sa belle-mère et sa belle-sœur sont folles de jalousie et la questionnent, évidemment.

Le lendemain, la belle-mère envoie sa propre fille au bord de la rivière. Elle lance une cuillère dans la rivière, se met à pleurer… et fait connaissance à son tour avec la vieille femme.

© Groupe Eyrolles

Elle commence à lui gratter le dos puis s'arrête en criant : « Ton dos est dégoûtant. »

Puis… dans la maison de la vieille, la fille hurle : « La soupe sera forcément mauvaise ! » Elle s'exécute tout de même et elles dégustent leur repas.

Plus tard, lorsque le chat arrive, elle le frappe si fort qu'elle lui casse une patte.

Quand la vieille femme rentre, c'est en s'appuyant sur une canne car elle a une jambe cassée. Elle ordonne à la fille de s'en aller.

Elle lui donne tout de même les instructions, pour l'œuf. Mais c'est l'œuf qui crie le plus fort qu'elle choisit et, lorsqu'elle l'ouvre, une horde de dragons et de démons en sort et la dévore.

Nous avons beaucoup trop tendance à nous arrêter aux apparences, à chercher… des chats noirs ! Et ici, le chat noir n'est justement pas celui qu'on croit…

Mots-clés

Connexion/écoute/instinct/réflexion/imagination.

L'âne et la mule

Un âne et une mule étaient en route avec leur maître, chargés comme des… comme des… mulets.

Alors qu'il est en train de gravir une montagne, l'âne sent soudain qu'il a atteint ses limites, la charge est vraiment trop lourde pour lui. Il interpelle la mule pour qu'elle vienne l'aider. Mais la mule fait la sourde oreille. L'âne poursuit péniblement son chemin.

Ce qui devait arriver arrive : peu de temps après, l'âne s'écroule, mort.

Le maître des deux animaux prend alors le chargement de l'âne, le place sur le dos de la mule et rajoute en plus le corps de l'âne.

La mule a maintenant deux charges à porter, toute seule.

Et elle regrette bien d'avoir refusé d'aider le pauvre âne.

Aider d'autres personnes, c'est parfois aussi s'aider soi-même.

Mots-clés

Empathie/entraide/partage/esprit d'équipe/tolérance.

Histoires athlétiques

« La plupart des gens ne peuvent entendre quoi que ce soit avant d'avoir été eux-mêmes entendus. »

RED SCOTT, HOMME D'AFFAIRES

Les images empruntées au sport sont de grands classiques en entreprise. Elles n'ont pas encore épuisé leur filon…

Une culture commune

Dans les sports collectifs, on évoque souvent la culture commune qu'a su créer l'entraîneur (et les membres de l'équipe eux-mêmes, également), parmi les « secrets » du succès. On évoque aussi ce « secret » dans les entreprises, d'ailleurs !

D'habitude, dans le sport, quand on demande à l'entraîneur de l'équipe d'expliquer ce secret, on obtient des réponses du genre : « Nous travaillons beaucoup pour cultiver cette… culture. Tout le monde y met du sien, c'est important, etc. »

Cela ne nous apprend jamais rien sur la façon dont ils s'y prennent, concrètement.

On m'a rapporté l'exemple d'un entraîneur d'une équipe de rugby qui évolue parmi l'élite qui, lui, a répondu différemment. Il répondait à un journaliste qui l'interrogeait. Et il lui a raconté qu'après un match très dur, quand le bus transportant l'équipe était arrivé à destination, le chauffeur avait surpris deux joueurs en train de ramper sur le sol : ils étaient en train de ramasser tous les déchets qui traînaient dans le bus ! L'entraîneur a précisé au journaliste que ces deux joueurs avaient été particulièrement sollicités pendant le match : cela se voyait très clairement à l'état de leur visage.

Et il a conclu en disant : « C'est un exemple de la culture que nous avons construite en travaillant dur, ici, dans cette équipe. »

La vraie culture d'une organisation, c'est celle qui se dévoile par les détails tout simples de comportements du quotidien.

Mots-clés

Engagement/communauté/consistance/durabilité/participation/ force/exemplarité/culture.

Avoir la pêche...

Pour réussir dans ce sport-loisir qu'est la pêche, il y a une évidence : il faut proposer au poisson ce qu'il aime manger. Alors, on a beau soi-même aimer les fraises, la glace et plein d'autres bonnes choses, il ne nous viendrait jamais à l'idée d'en accrocher au bout de la canne à pêche en espérant attraper du poisson. Non, étant donné que le poisson aime par-dessus tout les vers, on va lui proposer des vers.

Pour séduire des clients, c'est la même chose. Pourtant, combien de fois les entreprises et les marques se contentent-elles de proposer une offre globale, indifférenciée, ou pire, qui correspond avant tout aux goûts des acteurs clés du développement de ces produits ?

Où est alors le client ?

Mots-clés

Clairvoyance/expertise/sens de l'équilibre/esprit de service/maîtrise/ stratégie/empathie.

La compétition d'aviron

Le staff de direction de deux entreprises qui se faisaient concurrence de manière très agressive a un jour décidé de déplacer leur rivalité sur le terrain sportif. Les deux entreprises se sont donc défiées mutuellement dans une course d'aviron. Il se trouvait que les deux patrons étaient de vrais fans de ce sport.

Pour cerner un peu ces deux entreprises : l'entreprise X était très autocratique, avec un management très directif ; l'entreprise Y était beaucoup plus orientée vers le management participatif.

Chaque entreprise constitua donc un équipage pour cette fameuse course. L'équipage de l'entreprise Y comprenait 8 rameurs et 1 barreur. Celui de l'entreprise X : 8 barreurs et un seul rameur.

Sans trop de surprise, c'est l'entreprise Y qui remporta la course.

Le lendemain, la direction de l'entreprise X organisa une réunion pour analyser les causes de sa défaite. Il en ressortit que tout cela était de la faute du rameur, qui n'avait pas suffisamment écouté les consignes, et qu'il fallait donc le remplacer !

Parfois, la culture d'une organisation est tellement ancrée en nous qu'on ne perçoit même plus ses dérives, aussi criantes soient-elles.

Mots-clés

Traditionalisme/performance/progrès/stratégie/challenge/collaboration/esprit d'équipe/leadership.

Le pouvoir de la détermination

Glenn Cunningham est un athlète des années 1930, qui a établi plusieurs records du monde de course à pied… Il a participé à deux Jeux olympiques…

Glenn Cunningham était aussi un garçon de 8 ans, horriblement brûlé aux deux jambes dans l'incendie de son école. Quand on l'avait emmené à l'hôpital, les médecins avaient dit à sa mère qu'il allait très probablement mourir, et que cela valait mieux. Et même s'il survivait, il ne remarcherait plus jamais.

Glenn Cunningham n'est pas mort, mais quand il est sorti de l'hôpital, c'était dans un fauteuil roulant, sans aucune sensation dans les jambes.

Et cette situation dura des années, sans aucune amélioration.

Jusqu'au jour où il décida de ramper jusqu'à la clôture du jardin de la maison familiale, de s'y hisser et d'essayer de mettre un pied devant l'autre. Et il fera ça chaque jour. Inlassablement. Petit à petit, la marche revient, en se tenant, en ne se tenant plus… Puis la course.

Le reste appartient à l'Histoire du sport.

Décomposé en étapes, un objectif en apparence insurmontable peut être réaliste et réalisé.

Mots-clés

Persévérance/conviction/stratégie/action.

© Groupe Eyrolles

Une peur mortelle

Gem Gilbert était une star du tennis britannique jusque dans les années 1950.

Alors qu'elle n'était encore qu'une enfant, elle avait accompagné sa mère pour une consultation de routine chez le dentiste. Et la séance avait fini en drame : elle avait assisté à la mort de sa mère sur la chaise du dentiste. On imagine bien combien cette expérience a pu être traumatisante. Et Gem Gilbert traînera ce souvenir toute sa vie.

Elle devint une grande joueuse de tennis, mais il y avait une chose qu'elle était incapable de faire : aller chez le dentiste. C'était une vraie phobie !

Un jour pourtant, elle a bien été obligée d'y aller : elle avait une rage de dents terrible, la douleur était insupportable.

Elle s'est donc installée dans le fauteuil du dentiste, ce dernier a préparé ses instruments, et quand il s'est retourné, il s'est aperçu… qu'elle était morte ! De peur sans aucun doute…

Quand vous êtes poursuivi par de vieilles craintes et que vous vous contentez de fuir, elles finissent toujours par vous rattraper.

Mots-clés

Challenge/sensibilité/maîtrise/stress/anxiété.

Le pouvoir du coaching

Vous connaissez le snowboard ? C'est un sport spectaculaire ! Effrayant parfois, même. Mais spectaculaire, c'est sûr…

Sylvain Dufour est l'un des meilleurs spécialistes français de snowboard. Il est membre de l'équipe de France, il a participé aux Jeux olympiques et a déjà été vice-champion du monde.

© Groupe Eyrolles

Il a récemment eu une saison difficile : sans entraîneur, avec juste un technicien pour l'aider à préparer et gérer son matériel.

Ses résultats ont sérieusement chuté.

La saison suivante, la fédération lui a alloué un coach, partagé avec d'autres snowboardeurs.

Et Sylvain a commencé à ne plus se demander à chaque virage s'il allait tomber, mais à se demander à chaque virage quelle ligne il allait choisir pour bien le négocier.

Les résultats ont suivi : il a fini plusieurs fois dans le top 10 d'épreuves du championnat du monde de snowboard, ce qui ne lui était plus arrivé depuis quelque temps.

Mots-clés

Collaboration/coaching mental/préparation/stress.

« Je n'aime pas le tennis »

« Je n'aime pas le tennis[1]*… »* Ce n'est pas moi qui le dis… C'est une joueuse professionnelle, qui le confie au grand quotidien sportif bien connu. Aravane Rezaï est l'une des meilleures joueuses françaises. Bon, elle n'a remporté que quatre tournois dans sa carrière, mais elle fait tout de même partie de l'équipe de France. Ce qui n'est déjà pas si mal quand, comme elle, on n'aime pas le tennis.

Aravane Rezaï n'aime donc pas son sport. Elle dit même : *« Je n'aime pas le tennis, c'est un sport qui m'a donné beaucoup de souffrance. En revanche, j'aime ce qu'il apporte : le combat, la célébrité et l'argent, même si c'est tabou d'en parler*[2]*. »*

---

1. *L'Équipe*, 29 mars 2013.
2. *Idem.*

Cette lucidité, elle compte bien la mettre au service de sa carrière. Dans la même interview elle annonce au journaliste ses ambitions : *« Je vise le top 50 en fin de saison. C'est dur mais faisable. (...) J'ai encore cinq-six ans de carrière, je veux m'y consacrer à 100 %. Je ne suis pas une ex mais une future top 15 (elle a déjà été numéro quinze au classement mondial). Je ne me fixe pas de limites[1]. »*

Et nous, sommes-nous suffisamment honnêtes avec nous-mêmes sur les raisons de notre présence dans l'entreprise ? L'être ne nous empêche pas d'être performants, bien au contraire…

Mots-clés

Éthique/clairvoyance/ambition/plaisir.

Musique à cœur

> *« La culture est faite d'histoires. »*
>
> THOM HARTMANN, AUTEUR

Jazz, opéra, hip-hop… La musique raconte aussi des histoires. Et si la métaphore de l'orchestre est souvent utilisée en entreprise, la musique a encore bien d'autres résonances possibles.

Improvisation

J'ai lu récemment quelque chose sur la musique jazz. Plus précisément, cela parlait de ce genre très particulier et très spécifique à la musique jazz : l'improvisation.

---

1. *Idem.*

Souvent, on résume l'improvisation à la spontanéité, avec une bonne dose de hasard, l'inspiration du moment. C'est loin d'être aussi simple dans le jazz.

Pour parvenir à cette impression (illusion) de facilité de l'improvisation, il faut des heures et des heures de travail.

Il faut aussi obéir à des règles très précises, tout aussi précises que pour un morceau de musique traditionnel. Dans l'improvisation jazz, par exemple, un morceau standard est joué en introduction et en fin d'improvisation. Entre les deux, chaque musicien a son solo d'improvisation, mais en se fondant sur un cadre, ce que les musiciens appellent une grille harmonique. Et pendant le solo, les autres musiciens ne font pas n'importe quoi : ils font en sorte de soutenir le son du soliste.

Improviser n'empêche pas de savoir où l'on va.

Mots-clés

Équipe/service/collaboration/harmonie/efficacité/chaos.

Une route à traverser

George Shearing était un pianiste, un accordéoniste et un chef d'orchestre de jazz renommé : de nombreuses stars du jazz ont débuté dans son orchestre.

Il était aussi aveugle.

Un jour, il attendait sur un trottoir que quelqu'un passe par là pour lui faire traverser la rue.

Soudain, il sent une main lui tapoter le dessus de l'épaule.

« Excusez-moi, dit cette personne. Je suis aveugle. Pouvez-vous m'aider à traverser la rue ? »

George Shearing lui prend alors le bras, et traverse la rue avec lui…

Plus tard, il dira : « Qu'est-ce que j'aurais pu faire d'autre ? »

Le véritable esprit de service est celui qui vous fait oublier vos limites.

Mots-clés

Risques/collaboration/audace/détermination.

Les vertus de la pratique

Un jeune chanteur d'opéra très prometteur avait été invité à chanter à La Scala de Milan. Une invitation rare : venir chanter Rigoletto de Verdi, devant le public le plus expert qui soit de ce répertoire exceptionnel !

Le jeune artiste se prépare comme jamais, s'exerçant et s'exerçant encore.

Enfin, le grand soir arrive.

Le théâtre est plein à craquer.

Son solo, il le chante de tout son cœur, et le public lui fait écho en criant : « Encore ! »

Puis en réclamant un deuxième « Encore ! », puis un troisième, un quatrième, un cinquième… Chaque fois, le chanteur cherche plus profondément en lui pour tirer de son corps toute l'émotion qu'il peut.

Au bout d'un certain temps, il se sent définitivement épuisé. Il remercie alors chaleureusement le public et lui dit qu'il n'en peut plus et que les autres artistes attendent de pouvoir monter sur scène à leur tour.

C'est alors qu'un vieil homme se lève dans le public, pointe un doigt vers lui et s'écrie : « Pour qui tu te prends ? Tu vas chanter un autre "encore", un autre, puis un autre, jusqu'à ce que ce soit parfait ! »

On trouve toujours plus expert que soi…

Mots-clés

Exigence/expertise/engagement/excellence.

Emmanuel Jal

Il y avait ce petit garçon… Il habitait un village nommé Tounge, dans le sud du Soudan. Son père était parti se battre pendant la seconde guerre civile que le Soudan a connue. Et quand il a eu 7 ans, sa mère a été tuée. Et voilà ce petit garçon embarqué, comme des milliers d'autres petits garçons orphelins. Direction l'Éthiopie où on leur promet qu'on va les éduquer et s'occuper d'eux.

Bien sûr, ce n'est pas exactement comme ça que l'histoire se déroule. Ces enfants sont entraînés à devenir des soldats. Là, on leur apprend la haine. Il le décrit ainsi, avec ses propres mots : *« Le seul souhait que j'avais dans le cœur était de prendre ma Kalachnikov et d'aller tuer des musulmans*[1]. *»* C'est ce qu'on lui a appris ici. Les combats deviennent si intenses que, finalement, lui et un groupe de garçons décident de s'enfuir, direction le Kenya. Et, bien sûr, sur le trajet, des choses affreuses arrivent. De nombreux jeunes garçons meurent. Certains seront même obligés de se nourrir de la chair de leurs camarades.

Ce garçon fait la connaissance d'une femme, Emma, qui l'emmène à Nairobi et lui dit : *« Je veux maintenant que tu mènes une vie différente. Tu as été rescapé de l'horreur et tu mérites une vie meilleure*[2]. *»* Elle fait en sorte de lui donner une éducation. Mais en fait, cette femme meurt, peu de temps après.

---

1. www.unicef.org/french/people/sudan_45251.html
2. *Idem.*

© Groupe Eyrolles

Les gens de son entourage feront cependant en sorte de respecter sa volonté et que ce jeune homme puisse bénéficier au Kenya d'une vie normale et d'une éducation, pour qu'il puisse évoluer favorablement.

La musique avait un grand pouvoir sur ce petit garçon et, plus tard, il commencera à composer des airs de hip-hop. Ce petit garçon, devenu grand, est aujourd'hui l'un des meilleurs artistes de hip-hop du monde. Il s'appelle Emmanuel Jal.

Et maintenant, il a fait construire des orphelinats, et il aide les autres. Et c'est au travers de la musique qu'il s'exprime en disant : *« Je suis un enfant pauvre, mais j'ai une raison de vivre, j'ai de l'espoir à donner, j'ai des histoires à raconter et je vais vous les raconter*[1]. *»* Très puissant. Ses albums sont magnifiques. Il y a un album qu'il a même réalisé en collaboration avec des musulmans. Vraiment très puissant. Un succès !

Recevoir et donner, tout cela est une chaîne, et il est essentiel de la maintenir pour pouvoir continuer à avancer, à progresser.

Mots-clés

Collaboration/partage/réalisation/conviction/réseau.

L'aura des leaders

« Ceux qui racontent les histoires régissent le monde. »

Attribué à Platon

Ah, le leadership ! Tout le monde voudrait être un leader, et presque tout le monde pense l'être un peu… Sauf que le leadership ne

---

1. Paroles de la chanson *Warchild*, 2008.

© Groupe Eyrolles

se décrète pas : il repose sur des qualités et des aptitudes bien précises. En voici une : la plus essentielle.

Le mendiant

Le célèbre et très rusé héros d'histoires orientales Nasruddin Hodja était très confortablement installé sur sa terrasse, quand il entendit quelqu'un l'appeler depuis la rue, deux étages plus bas.

C'était un mendiant qui lui demandait de descendre parce qu'il avait une question à lui poser.

Nasruddin Hodja descendit et lui demanda quelle était sa question.

« Aurais-tu une petite pièce pour moi ? » demanda le mendiant.

« Voilà donc ta question ! Et c'est pour ça que tu m'as dérangé ? » s'énerve alors Nasruddin. Puis il lui dit : « Viens avec moi. »

Et les voilà qui grimpent tous deux les deux étages jusque sur la terrasse.

Et là, Nasruddin Hodja dit au mendiant : « Maintenant, voici ma réponse : c'est non. »

Demander aux autres des efforts que nous ne sommes pas prêts à faire nous-mêmes ne va pas être motivant, et va même provoquer la résistance active des personnes concernées.

Mots-clés

Motivation/résistance.

5

Quand l'ordinaire devient extraordinaire

Pourquoi les histoires les plus efficaces devraient-elles toujours être exceptionnelles ? Les histoires qui ne font que relater des événements sans grande originalité ont l'avantage de la proximité avec l'auditoire : elles ressemblent davantage à son quotidien. Et elles le touchent particulièrement de ce simple fait.

La puissance évocatrice des animaux

> *« Si vous devez avoir une histoire, ayez-en une grande, ou aucune. »*
>
> JOSEPH CAMPBELL, MYTHOLOGUE

Les histoires d'animaux ont toujours eu un charme spécial. Si certaines d'entre elles ont conquis les enfants, d'autres ont le potentiel pour avoir le même effet au niveau des entreprises.

L'histoire de la grenouille

Un biologiste menait des recherches sur les grenouilles. Ses recherches étaient centrées sur la longueur du saut des grenouilles.

Premier essai : la grenouille franchit 15 cm. Le biologiste écrit : grenouille avec 4 pattes saute 15 cm.

Deuxième essai, après avoir amputé la grenouille d'une patte : le bond se limite à 10 cm. En bon chercheur, il le reporte soigneusement sur sa fiche de suivi.

Troisième essai, nouvelle amputation. Il ne reste alors plus que deux pattes à la grenouille. Résultat : grenouille avec 2 pattes, bond de 5 cm.

Quatrième essai, encore une patte en moins. Bond minuscule.

Pour le dernier essai, le biologiste coupe l'ultime patte restante, et là, la grenouille ne saute pas. Il écrit donc : grenouille sans pattes devient sourde.

Il y a plusieurs manières d'interpréter des données, pour le meilleur et pour le pire.

Mots-clés

Excès/évidence simpliste/intuition.

Un âne plein de ressources

C'est l'âne d'un fermier qui tombe dans un puits. Bien sûr, l'âne pris au piège se met à pousser des cris affreux.

Et le fermier, lui, ne sait plus quoi faire.

Après tout, l'âne est vieux, et le puits devait, de toute façon, être bouché un de ces jours…

Il abandonne donc l'idée de secourir l'animal et décide de combler le puits de terre avec l'âne dedans, en espérant qu'il ne souffrira pas trop.

Évidemment, l'âne se débat de plus belle quand les premières pelletées de terre s'abattent sur lui. Le fermier, aidé par des amis, continue pourtant son triste travail, jusqu'à ce que les cris de l'âne cessent.

Au bout d'un moment, le fermier ose se pencher au-dessus du puits, et ce qu'il voit le laisse abasourdi : non seulement l'âne n'est pas mort, mais il a compris qu'en se secouant plutôt que se laisser recouvrir par la terre, celle-ci tombait au fond du trou et qu'il pouvait alors s'en servir comme d'un escalier pour remonter.

Et l'âne finit par sortir, indemne, du fond du puits.

De vrais ânes, nous en serions, si nous nous laissions ensevelir par les ennuis, plutôt que de nous bouger pour nous en débarrasser et aller plus haut.

Mots-clés

Courage/volonté/résilience/potentiel.

Un os peut en cacher un autre… ou pas

C'est un chien, avec un os entre les dents. Il se trouve au bord de l'eau. Et que ne voit-il pas en face de lui ? Un autre chien, avec un os beaucoup plus gros que le sien entre les dents ! Il lui faut cet os, évidemment. Il saute donc sur ce congénère des plus arrogants… et il atterrit dans l'eau ! Cet autre chien n'était rien d'autre que son propre reflet !

Au passage, il perdra même son os, qui ira se déposer au fond de l'eau.

L'ambition est piégeuse.

Mots-clés

Tempérance/réalisme/humilité/environnement.

La sauterelle et le coq

Une jeune sauterelle et un vieux coq se trouvaient ensemble dans un champ.

La sauterelle s'écria : « Je peux sauter plus haut que n'importe qui dans ce champ. »

Le coq ne dit rien et ouvrit le bec en bâillant.

« J'y vais », cria la sauterelle, et elle s'élança, si haut qu'elle atterrit juste dans la bouche du coq.

Qui la goba.

Et ce sera la fin de la sauterelle et de toutes ses fanfaronnades.

Dévoiler ses atouts, c'est aussi dévoiler ses faiblesses.

Mots-clés

Confiance/vanité/objectifs/intuition.

Twttr

Twitter, vous connaissez ? C'est un réseau social sur Internet, un peu comme Facebook.

Le cofondateur de l'entreprise, laquelle n'avait pas encore de nom, s'est dit un jour que Twitter ressemblait bougrement à la façon dont les oiseaux communiquent entre eux, avec ses 140 caractères maxi : et en anglais, les oiseaux font *« twttr »*. Twitter avec quelques voyelles de plus. Aujourd'hui, qu'on utilise ou non ce réseau social, le nom de Twitter est l'un de ceux qui a le plus de notoriété sur Internet, parce qu'il est unique et ne ressemble à aucun autre.

Là, c'était pour trouver un nom. Mais l'observation du monde qui nous entoure peut nous apporter une grosse plus-value et nous faire

© Groupe Eyrolles

gagner un temps précieux dans de nombreux domaines, presque tous en fait.

Mots-clés

Observation/environnement.

Le piège à souris

C'est une souris qui vit à la campagne, dans une ferme.

Un soir, elle aperçoit le fermier et son épouse en train de déballer un paquet. Du coup, elle se réjouit, parce qu'elle se dit qu'il doit y avoir de la nourriture dans ce colis, et qu'elle arrivera bien à en récupérer quelques miettes, d'une manière ou d'une autre. Mais en fait de nourriture, c'est un piège à souris que le fermier sort du paquet !

Du coup, elle décide d'avertir tous les autres animaux de la ferme : le poulet, le cochon et la vache.

Tous lui disent que c'est bien triste, mais que ce n'est pas leur problème.

Encore plus désespérée, la souris retourne pourtant dans la ferme, pour faire face au piège et à son destin.

Cette nuit-là, le piège se déclenche. La femme du fermier se lève à toute vitesse pour aller voir quel animal a pu se faire prendre. Et dans sa hâte, elle ne voit pas que c'est un serpent qui s'est pris la queue dans le piège. Il la mord.

Bien entendu, le fermier l'emmène à l'hôpital, et quand elle en rentre, elle a une très forte fièvre. Pour la soulager, il lui cuisine du bouillon de poulet, et pour cela, il abat son poulet. La fermière ne va pas mieux. La famille, les voisins… tout le monde vient la voir. Pour nourrir tout ce monde, le fermier est obligé de tuer son

© Groupe Eyrolles

cochon. Finalement, la fermière meurt. Et pour les funérailles, le fermier se résout à abattre sa vache, servie au banquet.

Quand on ne se sent pas concerné par quelque chose, cela ne signifie pas que nous sommes à l'abri. Nous faisons tous partie d'un tout, dont les différentes parties sont reliées entre elles.

Mots-clés

Esprit d'équipe/collaboration/unité/win-win.

Le pichet du corbeau

C'était une période de grande sécheresse. Les oiseaux avaient beaucoup de mal à trouver de quoi se désaltérer. Beaucoup mouraient.

Un corbeau assoiffé avait, lui, trouvé un pichet, avec un peu d'eau au fond. Il était sauvé ! Enfin presque…

Le pichet était haut, lourd et le goulot étroit. Il pouvait faire tous les efforts qu'il voulait, du bec et des pattes, pas moyen d'accéder à cette eau pourtant si précieuse. Bon voilà, il allait mourir, donc…

Eh bien non.

Une idée lui traversa soudain l'esprit. Il ramassa avec son bec des petits cailloux, et les fit glisser, un à un, dans le pichet. Chaque petit caillou faisait légèrement monter le niveau de l'eau. Jusqu'au moment où l'eau monta suffisamment haut pour que le corbeau puisse boire.

C'est souvent dans les moments difficiles que nous sommes le plus innovants.

Mots-clés

Innovation/ressource/patience/stratégie/crise.

Les pingouins et les éléphants

Connaissez-vous le mode de vie des pingouins ? Lorsque l'un des leurs se porte mal, aucun autre pingouin ne lui vient en aide. Au contraire : tous se mettent à l'attaquer. Leur instinct les conduit à ne jamais laisser leur groupe s'affaiblir par la défaillance d'un de ses membres, quel qu'il soit. On peut légitimement trouver cela très cruel. C'est un instinct tribal, un comportement grégaire.

Les éléphants, par contre, sont complètement différents. Ils se soucient les uns des autres. Lorsque l'un des leurs ne va pas bien, toute la harde lui vient en aide, jusqu'à ce qu'il guérisse, ou qu'il meure. Tout le groupe se sent concerné. Il y a comme une connexion entre tous les éléphants de la harde, qui maintient ce comportement.

Alors, est-ce que vous préférez être un pingouin ou un éléphant ? Avoir la réputation d'être dur (en affaires) peut être tentant, mais pensez aussi à ce qui serait pour vous le plus souhaitable, si vous vous retrouviez en situation de faiblesse…

Mots-clés

Équilibre/collaboration/engagement/participation/empathie/équité/ fiabilité/réseau.

Le chien et l'agneau

Un berger avait de sérieux problèmes avec son voisin. Les chiens de ce dernier prenaient un malin plaisir à attaquer son troupeau, blesser ses bêtes, et parfois même les tuer. D'habitude, ce genre de conflit se règle devant les tribunaux, ou alors en construisant une clôture en fil de fer barbelé, ou au pire avec des coups de fusil…

Le berger eut une meilleure idée. Il offrit à son voisin de tout jeunes moutons comme animaux de compagnie. Et pour protéger ses nouveaux petits compagnons, le voisin se mit à attacher ses chiens.

Et au bout du compte, les deux voisins devinrent même des amis !

Dans une situation de conflit, nous avons tendance à ériger des murs entre les problèmes et nous-mêmes pour qu'ils ne nous fassent pas d'ombre. Nous détournons le regard, nous appelons la police… Il est pourtant tellement plus efficace de faire appel à l'intelligence de chacun : à un esprit de coopération. Ce n'est pas une preuve de faiblesse, un renoncement à obtenir ce qui nous est dû. Cela demande souvent bien plus de créativité et de courage.

Mots-clés

Collaboration/intelligence/créativité/efficacité/empathie/maîtrise/comportement.

Des étoiles dans la mer

Il y a eu un gros orage, dans cette ville située au bord de l'océan. La plage est couverte d'étoiles de mer que les vagues ont projetées sur le rivage.

Une femme marche au bord de l'eau. Et de temps en temps, elle se baisse pour ramasser une étoile de mer, qu'elle rejette dans l'eau.

Une autre femme marche dans l'autre sens, et vient vers elle. Bien entendu, elles finissent par se retrouver l'une en face de l'autre.

« Pourquoi ramassez-vous certaines étoiles pour les remettre dans la mer ? Cela ne fait aucune différence, cela ne sert à rien : il y en a des centaines partout sur la plage ! » dit l'une.

L'autre – celle qui ramasse les étoiles de mer – réfléchit un moment, puis se baisse, ramasse encore une étoile, la lance dans la mer, et répond : « Pour celle-là, il y a une différence… »

À vouloir raisonner collectivement à outrance, on finit par oublier que les problématiques sont avant tout vécues au niveau individuel.

Mots-clés

Engagement/empathie/utilité/détermination/leadership/générosité/équité.

La mutation de l'aigle

De tous les oiseaux, les aigles ont la durée de vie la plus longue. Ils peuvent vivre jusqu'à 70 ans.

Mais pour en arriver là, ce n'est pas seulement la nature qui doit faire son effet.

L'aigle aussi a une décision difficile à devoir prendre.

Lorsqu'il entre dans la quarantaine, ses longues serres ne peuvent plus agripper les proies dont il se nourrit. Son long bec acéré se courbe et devient inutilisable. Ses ailes vieillissantes s'alourdissent sous le poids de ses vieilles plumes, et rendent son envol de plus en plus difficile.

L'aigle a alors deux options : soit mourir, soit s'engager dans un processus très douloureux, qui durera, en général, environ cent cinquante jours.

L'aigle qui s'y engage se hisse jusque sur le sommet de la montagne, sur lequel se trouve son nid. Il frappe son bec contre des rochers jusqu'à l'arracher littéralement. Il attend ensuite qu'un nouveau bec repousse. Et après cela, il fait en sorte d'arracher ses serres.

Quand les serres auront repoussé, il commencera à arracher ses anciennes plumes.

Et au bout de cinq mois, l'aigle pourra se lancer pour son vol de renaissance et une nouvelle vie, pour trente années de plus.

Et nous, jusqu'où sommes-nous prêts à faire des sacrifices ? Connaître ses limites est essentiel, c'est une question de survie.

Mots-clés

Courage/instinct/détermination/accomplissement/résultats/ excellence/autonomie/attente/temps.

Les richesses de la vie quotidienne

« Les grandes histoires s'accordent avec notre propre vision du monde. Elles ne nous apprennent rien de neuf. »

SETH GODIN, ENTREPRENEUR ET MARKETEUR

Il n'est pas forcément nécessaire d'avoir des histoires exceptionnelles à raconter. Les histoires toutes simples du quotidien ont l'avantage de la proximité avec l'auditoire.

Le coup de la panne

Imaginez un commercial en train de faire sa tournée dans sa voiture. Comme il couvre un grand secteur, il ne rentre pas chez lui tous les soirs. Et un soir, donc, alors qu'il se rend à son hôtel pour y passer la nuit, l'un des pneus de sa voiture crève. Un clou ou autre chose, peu importe…

© Groupe Eyrolles

En tout cas, il s'aperçoit que, s'il a bien une roue de secours, le cric, lui, est introuvable. Et il se trouve en rase campagne.

Heureusement, il connaît bien le coin, et il sait qu'il y a une station-service pas trop loin. Alors il se met en route pour y aller. Tout en marchant, il se demande combien va lui demander le gérant de la station pour lui louer un simple cric. Un euro, peut-être. Ou cinq de plus, parce qu'il fait déjà nuit – il a peut-être des tarifs nocturnes. Ou alors, pense le commercial dans sa tête, s'il est comme son beau-frère à lui, le gérant de la station se dira que, de toute façon, il n'a pas d'autre endroit où chercher un cric : 10 euros de plus encore, donc…

Plus il marche, plus les prix montent, et sa colère aussi !

Il finit par arriver à la station-service. Là, le gérant lui demande avec un grand sourire : « Que puis-je faire pour vous ? »

Et le commercial lui répond, très en colère : « Oh vous, ça va, espèce de voleur ! Comment osez-vous me parler comme ça ? Votre cric, vous pouvez vous le garder… »

Combien de fois faisons-nous, nous aussi, des suppositions ? Nous créons des scénarios dans notre tête, et ensuite nous nous comportons conformément à ces idées que nous avons dans la tête… sans même nous demander si elles correspondent bien à la réalité…

Mots-clés

Illusion/confiance/collaboration/préjugés/opportunités/anxiété.

Un cambriolage qui finit bien… pour tout le monde

Un cambriolage de maison, c'est classique. Et un enfant traumatisé parce que ses petites économies ont disparu en même temps que des objets auxquels il tenait tout particulièrement… C'est classique aussi.

© Groupe Eyrolles

Les parents se doutent bien de l'identité des auteurs de ce méfait et vont donc voir le père de l'un des suspects. Celui-ci leur conseille d'aller voir la police, histoire de donner une leçon à ces jeunes délinquants.

La police commence son enquête, en se rendant bien compte que les parents des suspects ont eux-mêmes une vie pleine de problèmes.

L'enquêteur chargé de l'affaire décide alors de ne pas passer par les voies habituelles, mais d'innover : les jeunes délinquants sont donc réquisitionnés, sans condamnation ni rien d'officiel, pour faire des travaux dans la maison cambriolée. Et, bien sûr, tout ce qui a été volé est restitué.

Mais pour l'enfant traumatisé, quelque chose manque dans toute cette histoire : une grande fête de réconciliation, avec non seulement les auteurs du cambriolage, mais aussi leurs parents et leurs connaissances. Ils ne vont quand même pas s'en tirer incognito.

Et c'est comme cela que s'est conclue cette affaire.

La casse se paye, mais par pitié, que le prix à payer ne soit pas seulement une punition : il est bien plus profitable pour tout le monde qu'elle soit également utile.

Mots-clés

Collaboration/innovation/résilience/participation/autorité/solution.

Le garçon et les clous

Un petit garçon était plein de rage. Peu importent les raisons, il se mettait régulièrement dans des colères folles et brisait tout ce qui se trouvait autour de lui dans ces moments-là.

Il n'avait pas pour autant de maladie mentale ; il était colérique, voilà tout.

Un jour, son père l'emmène au fond du jardin. Il lui montre une clôture en bois et lui dit : « Chaque fois que tu te mettras en colère, tu viendras planter un clou dans cette palissade. Et comme ça, tu te rendras compte du nombre de fois où tu te mets en colère. »

Le garçon accepte, et bientôt il est horrifié de voir le nombre de clous qu'il a pu planter en, finalement, peu de temps !

Son père lui dit alors : « Chaque fois que tu pourras passer une journée complète sans te mettre en colère, tu pourras retirer un clou de la palissade. »

Au début, le garçon a beaucoup de mal. Puis, il finit par y arriver. Et au bout du compte, il parvient à retirer tous les clous de la clôture.

Tout joyeux, il appelle son père.

Son père arrive et lui dit : « C'est bien, mon fils. Tu vois, les clous ont été arrachés, mais les trous resteront toujours dans le bois. »

Les erreurs peuvent être réparées, mais il en restera toujours une trace, sous une forme ou une autre.

Mots-clés

Réflexion/respect/vision/temps.

Les nénuphars

Un matin, un fermier remarque qu'un nénuphar a poussé dans sa mare. Il se dit que ce n'est rien et hausse les épaules.

Le lendemain, il y a deux nénuphars dans la mare. Et le surlendemain quatre. Comme ils ont l'air tout ce qu'il y a de plus inoffensif, il ne fait rien.

Mais le nombre de nénuphars continue d'augmenter : il double chaque jour !

Et bientôt, au bout d'une trentaine de jours, la mare est complètement recouverte de nénuphars : elle est totalement détruite ! Le fermier ne s'est pas rendu compte de l'étendue des dégâts avant le vingt-huitième jour, et le vingt-neuvième, quand il voit la mare recouverte aux trois-quarts, il sait bien ce qu'il aurait fallu faire pour la sauver...

Mais c'est trop tard !

Quelles que soient nos priorités, et la faible importance apparente du problème qui se présente, ne le laissons pas grandir jusqu'à devenir ingérable.

Mots-clés

Négligence/priorisation/conséquences.

Un froid mortel

Souvenez-vous : février 1954. Il fait -15 °C dans Paris. L'Abbé Pierre, héros de la Résistance, ancien député, mais bon, pas plus connu que cela dans les chaumières de France et de Navarre, réussit déjà un exploit : une intervention sur les ondes d'une radio écoutée par 20 millions de Français.

Extrait : «*Mes amis, au secours... Une femme vient de mourir gelée, cette nuit à trois heures, sur le trottoir du boulevard Sébastopol, serrant sur elle le papier par lequel, avant-hier, on l'avait expulsée...*

Chaque nuit, ils sont plus de deux mille recroquevillés sous le gel, sans toit, sans pain, plus d'un presque nu. Il faut que ce soir même, dans toutes les villes de France, dans chaque quartier de Paris, des pancartes s'accrochent sous une lumière dans la nuit, à la porte de lieux où il y ait couvertures, paille, soupe, et où l'on lise ces simples mots : Toi qui souffres, qui que tu sois, entre, dors, mange, reprends espoir, ici on t'aime[1]. »

Il n'avait pas fini de parler que la machine était enclenchée, avec un formidable élan de solidarité.

Grâce à l'histoire qu'il venait de raconter.

Mais ce n'est pas tout : dans les jours qui suivent, partout des gens qui ne se connaissent pas se décident à agir : une association est créée, des programmes de construction de HLM sont lancés, le premier syndicat de défense des locataires naît, alors que, jusque-là, rien n'avait pu se faire.

L'Abbé Pierre lui-même n'avait, jusque-là, pas réussi à trouver des gens pour créer une association avec lui…

Si vous voulez engager des gens dans une action, il faut illustrer le problème que vous voulez traiter avec de vrais événements vécus.

Mots-clés

Efficacité/mobilisation/action/challenges/*knowledge management.*

Voir autrement qu'avec les yeux

C'est un vieil homme de 75 ans, aveugle depuis qu'il a eu une cataracte, il y a de nombreuses années. Un jour, il dit à son petit-fils : « Ta grand-mère est vraiment la plus belle de toutes les femmes. »

Le jeune garçon lui répond : « C'est vrai, elle est très belle ; ça doit te manquer de ne plus pouvoir la regarder. »

C'est là que le grand-père répond à son tour : « Mon grand, mais je continue de voir sa beauté, chaque jour. Et même, bien plus que quand j'étais jeune ! »

---

1. Radio Luxembourg, 4 février 1954.

On ne peut bien voir les choses qu'avec une perception multisensorielle.

Mots-clés

Clairvoyance/empathie/intuition/vision/accessibilité.

Voir sans voir

Les premières impressions durent longtemps… Même si elles sont complètement fausses. C'est quelque chose que l'on observe très couramment, et dans des situations parfois tragiques.

Il y a quelques années, en 2002 exactement, un tireur fou, un sniper, faisait régner la terreur dans tout Washington, la capitale des États-Unis, et ses environs. Il s'embusquait, et abattait des personnes, au hasard. Il a tué au total 10 personnes et en a blessées gravement trois de plus, en l'espace de trois semaines.

Lors du premier meurtre, des témoins avaient signalé la présence d'une camionnette blanche sur les lieux. Du coup, pour chacune des tueries suivantes, dans les témoignages, on retrouvait chaque fois mention de cette fameuse camionnette blanche. En réalité, aucune camionnette blanche n'était impliquée dans ce drame.

C'est juste que notre esprit est conditionné pour trouver des justifications à nos premières impressions… Que ces dernières soient fondées ou complètement farfelues…

Mots-clés

Apparences/perception/illusion/préjugés/rationalité/authenticité/ perspicacité.

© Groupe Eyrolles

L'ultime maison du charpentier

Un vieux charpentier décide un jour qu'il est temps pour lui de partir à la retraite. Il a passé toute sa carrière dans l'entreprise pour laquelle il travaille. Il informe donc son patron de son envie d'avoir plus de temps pour ses loisirs et pour profiter à 100 % de sa petite famille.

Son patron prend acte, mais lui demande quand même de construire une dernière maison, la toute dernière de sa carrière.

Le charpentier accepte, mais le cœur n'y est plus, la tête non plus d'ailleurs.

Il bâcle donc le travail et utilise en plus des matériaux bas de gamme.

Qu'arrive-t-il, à votre avis ?

Quand il a fini, son patron vient inspecter le chantier achevé, comme il a l'habitude de le faire.

Mais cette fois… il tend les clés de la maison au charpentier et lui dit : « Voilà, c'est pour toi, c'est ton cadeau de départ ! »

Vous imaginez tout ce qui a dû traverser la tête du charpentier à ce moment-là…

La qualité n'est pas une notion à géométrie variable.

Mots-clés

Consistance/intuition/self-control/confiance/comportement.

Le vin frelaté

L'homme le plus riche et le plus âgé d'un village se dit un jour que ce serait une grande idée d'offrir une fête pour tous les villageois.

© Groupe Eyrolles

Il leur annonce la bonne nouvelle, et leur dit qu'il réglera toutes les dépenses de la fête, à condition que chaque famille amène une jarre de vin.

Le plus jeune chef de famille n'est pas très content. Il se dit qu'il n'a pas beaucoup de vin dans ses stocks, et qu'il n'a pas envie de dépenser de l'argent pour cette fête !

Il décide donc d'emmener une jarre pleine d'eau à la place du vin. Et puisque le vin sera, de toute façon, mis en commun, versé dans une grande jarre commune, cela ne se verra pas.

Le grand jour arrive, et chacun verse son vin dans la grande jarre commune. Le vin est versé dans les verres…

Et au signal du maître de cérémonie, chacun porte le verre à ses lèvres et boit… Puis tous le portent à nouveau à leurs lèvres, pour vérifier… Et encore… Mais le contenu du verre n'a absolument pas le goût du vin, même coupé : ce n'est que de l'eau !

Tous les autres chefs de famille ont eu la même idée !

Quand vous voulez recevoir, il faut parfois savoir donner.

Mots-clés

Collaboration/altruisme/engagement/win-win.

La quête de la vérité

Cet homme avait tout fait dans sa vie. À 50 ans, il avait déjà été patron d'une très grande entreprise, il avait une famille charmante et tout ce dont il pouvait avoir besoin matériellement. Mais il y avait une question qu'il se posait et qui tournait en rond dans sa tête. Alors, un jour, il dit à sa femme : « Chérie, je suis heureux.

Notre vie est formidable. Mais je dois me mettre en quête de la Vérité. »

« Bien, Thomas, répond-elle. Si c'est important pour toi ! » (Franchement, elle était vraiment ouverte, comme personne !)

Il essaiera de chercher la réponse à l'usine de son entreprise, à l'Assemblée nationale, il s'arrêtera ensuite au Vatican pour parler au pape, mais il ne trouvera pas la Vérité.

Au bout de quelque temps, il finit par se retrouver dans une partie du monde très lointaine.

Soudain, il aperçoit un panneau avec une flèche pointant vers une colline et ces quelques mots inscrits dessus « Direction : la Vérité. »

Il gravit la colline et arrive à une cabane à moitié en ruine devant laquelle il y a un panneau : « La Vérité habite ici. » Il frappe à la porte et on lui dit d'entrer. Thomas passe la tête pour avoir sa première vision de la Vérité. Et ce qu'il voit le fait sursauter ! Devant lui se trouve la créature la plus vieille, la plus hideuse qu'il ait jamais vue.

Il entre tout de même et commence à faire l'apprentissage de la Vérité. Il prend le temps qu'il faut, il reste, ma foi, plutôt longtemps, des jours, des semaines…

Et un jour, il dit : « Vérité, j'ai appris tant de choses de toi, mais maintenant, je dois rentrer chez moi et partager ma sagesse et mes connaissances avec les autres. Je ne sais même pas par où commencer. Qu'est-ce que je devrai dire aux gens ? »

L'horrible créature le regarde alors et dit : « Eh bien, mon cher, dis-leur que je suis jeune et belle. »

Dans les mots du célèbre écrivain américain Mark Twain : « Parfois, il faut mentir un peu pour pouvoir dire la vérité[1]. »

---

1. Mark Twain, *Sur la décadence dans l'art de mentir*, 1880.

Mots-clés

Éthique/exploration/préjugés/progrès/efficacité.

Le juste prix du travail

Un homme assiste un jour à une scène étrange. Un bûcheron est en train d'abattre des arbres, et de les couper ensuite pour faire des bûches… Et juste à côté de lui : un bonhomme maigrichon, assis sur un tronc d'arbre, lui lance des : « Bravo, encore un arbre abattu ! C'est bien ! Au suivant ! »

Le bûcheron ne lui jette aucun regard, et continue son travail, qui a l'air énorme.

Le témoin de ce drôle d'événement s'arrête et interroge le petit maigrichon : « Pourquoi faites-vous tant de bruit, alors que vous ne faites rien. C'est l'autre qui fait tout le travail ! »

Le bonhomme maigrichon lui répond : « Il a accepté une grosse commande de bois. Comme c'est vraiment un très gros travail pour un seul homme, je me suis associé à lui. Lui, il coupe, et moi je l'encourage. »

Très sceptique, le témoin secoue la tête et s'en va.

Une semaine plus tard, il repasse par là. Cette fois, le bonhomme maigrichon et le bûcheron sont en pleine discussion avec un juge.

« J'ai fait tout le travail, crie le bûcheron, tout l'argent me revient donc ! »

« Et mes encouragements, alors, proteste le bonhomme maigrichon. J'ai, moi aussi, gagné une partie de cet argent, que le commanditaire a donné par erreur en totalité au bûcheron ! »

Le juge ne sait pas quoi faire. Il demande donc l'arbitrage de cet homme qui a été témoin de l'affaire depuis ses débuts.

L'homme demande un plateau, y verse toutes les pièces de monnaie qui constituent le salaire du bûcheron, et les fait tinter : « Entends-tu le son de ces pièces ? » dit-il au maigrichon. « Aimes-tu ce son ? »

Le bonhomme maigrichon répond « Oui ! » avec un grand sourire.

« Alors, tu as reçu ton salaire… » conclut l'arbitre du litige.

Donner de la voix est facile et ne mérite pas une grande récompense. L'action réelle, physique ou autre (conception, imagination, etc.), elle, mérite toute notre attention.

Mots-clés

Action/engagement/énergie/équité/reconnaissance/mérite.

Le roi qui ne se sentait pas concerné

Un roi est en train de manger du miel avec son plus proche conseiller. Preuve que l'on peut être roi et avoir des goûts simples…

Tout en mangeant, ils se penchent à une fenêtre, et regardent leurs sujets vaquer à leurs occupations dans la rue.

Un peu distrait, le roi laisse échapper une cuillerée de miel, qui va se déposer sur le rebord de la fenêtre.

Son conseiller est déjà en train d'aller nettoyer ce rebord de fenêtre, quand le roi l'arrête, d'un revers de la main, et lui dit : « Ce n'est pas notre problème. Des serviteurs s'en occuperont, plus tard. » De belles paroles de roi !

Ils continuent donc à déguster leur miel. Pendant ce temps, le miel coule le long du rebord de la fenêtre et va s'écraser sur le sol, dans la rue.

Une mouche a vite fait de venir se délecter de ce repas improbable. Soudain, un lézard s'élance depuis l'un des murs du palais royal et gobe la mouche. Mais un chat aperçoit le lézard et l'attaque. Un chien arrive aussi et attaque le chat !

Le conseiller du roi se tourne vers lui et lui dit : « Sire, il semble qu'il y ait un combat entre un chat et un chien dans la rue. Dois-je faire envoyer quelqu'un pour stopper cela ? »

Le roi refuse encore, en répétant que ce n'est pas leur problème.

Entre-temps, le propriétaire du chat arrive à son tour et commence à frapper le chien. Et le propriétaire du chien surgit, pour frapper le chat. Et bientôt, ce sont les deux propriétaires qui se battent entre eux !

« Sire, il y a maintenant deux personnes qui se battent dans la rue. Ne faudrait-il pas envoyer quelqu'un pour les arrêter ? »

Le roi jette un œil par la fenêtre et répète encore la même chose : ce n'est pas leur problème.

Des amis des propriétaires des deux animaux arrivent à leur tour, et commencent à s'insulter… avant de se battre, eux aussi.

« Sire, il y a à présent plusieurs personnes qui se battent dans la rue ! »

Toujours la même réaction de la part du roi.

Des soldats arrivent sur les lieux de la bagarre. Au début, ils essaient de séparer les belligérants. Mais quand ils apprennent la raison de la dispute, certains prennent la défense du propriétaire du chat, d'autres celle du propriétaire du chien. Et tous finissent par se joindre à la bagarre.

Quelle est la suite, d'après vous ? Une guerre civile !

Des maisons sont brûlées, des gens blessés, et le palais royal lui-même est incendié et entièrement détruit.

© Groupe Eyrolles

Le roi et son conseiller ne peuvent que constater l'amas de ruines qu'est devenue la ville.

Et le roi dit cette simple petite phrase, moitié à lui-même, moitié à son conseiller : « Peut-être que je me suis trompé. Peut-être que cette cuillère de miel était notre problème… »

Les plus grandes catastrophes sont parfois causées par un simple grain de sable dans un rouage dont on ne s'est pas préoccupé.

Mots-clés

Négligence/observation/clairvoyance/attention/compréhension/ crise/chaos/animation.

Une cruche et des gifles

Cela se passe dans un pays chaud. Un homme sort sur le pas de sa porte, une cruche à la main : il a soif et devrait aller chercher de l'eau à la fontaine, mais il fait vraiment trop chaud…

Du coup, il interpelle une petite fille qui passe par là et lui demande d'aller lui chercher de l'eau. Il lui recommande de bien faire attention à ne pas casser la cruche et, sur ce, il lui donne une paire de gifles !

Un voisin le voit et l'insulte tout ce qu'il peut. Enfin, de telles choses ne se font pas !

Et là-dessus, l'homme lui répond : « Dis-moi, toi, le donneur de leçons, à quoi servent les gifles une fois que la cruche est cassée ? »

Rapporté au monde de l'entreprise, cela ne veut pas dire qu'il faille se donner des paires de gifles entre collègues ! Non : cela signifie qu'il ne sert à rien de faire des reproches lorsqu'une erreur fatale a été commise ; il est beaucoup plus utile pour tout le monde de mettre tout en œuvre

© Groupe Eyrolles

en amont pour empêcher l'erreur d'être commise. Bien souvent, sans même que ce soit de la négligence, nous oublions que des détails tout simples, mais pris en compte en temps voulu, peuvent nous éviter bien des désagréments.

Mots-clés

Anticipation/sanction/échec/collaboration/crise.

La soupe aux cailloux

Un voyageur arrive dans un village vraiment très pauvre où tout le monde cherche de quoi se nourrir dans tous les recoins. Et tous sont jaloux comme des poux quand l'un des habitants parvient à rassembler quelques misérables victuailles. Un villageois s'empresse de dire au voyageur qu'il n'y a rien à manger ici et qu'il ferait mieux de passer son chemin. Absolument pas découragé, le voyageur sort une pierre de sa poche qu'il place dans une grande marmite pleine d'eau. Et le voilà qui commence à la faire bouillir !

Alors que les villageois intrigués se rassemblent autour de lui, il annonce : « Je suis en train de faire une délicieuse soupe aux cailloux pour tout le monde. Bien entendu, elle sera bien meilleure avec un peu d'assaisonnement. » Très vite, un villageois apporte du sel. « Vous savez, la meilleure soupe aux cailloux que j'aie jamais mangée contenait des choux. »

Et, à l'arrivée, tout le village pourra déguster une excellente soupe aux cailloux avec des choux, des carottes, des oignons et plus encore…

Mots-clés

Participation/unité/collaboration/réalisation/réseau.

L'aveugle éclairé

C'est un vieil homme, il est aveugle. Il est assis au coin d'une rue, en train de mendier. Juste derrière la coupelle censée accueillir les pièces des passants, il y a une pancarte : « Aveugle – aidez-moi, SVP. »

Personne, ou presque, ne dépose de pièce dans sa coupelle.

Un jeune publicitaire, qui travaille dans une agence pour de grandes marques, passe par là. Il prend la pancarte, la retourne et écrit quelque chose dessus au marqueur. Puis il la repose, le côté sur lequel il a écrit face aux passants. Et il s'en va.

Dans les minutes qui suivent, les pièces commencent à tinter dans la coupelle.

Au bout d'un moment, il arrête l'un des passants et lui demande : « Qu'est-ce qu'il y a d'écrit sur la pancarte ? »

Le passant lui répond : « Il est écrit "C'est une belle journée. Vous pouvez la voir. Moi non !" »

Le succès tient parfois à une simple reformulation.

Mots-clés

Créativité/empathie/efficacité/différenciation/force/pensée positive/ connexion/communication.

Gare aux conseils

Il y avait un arbre tout desséché dans un coin d'un jardin. Le voisin direct dit à son propriétaire : « Un arbre desséché, ça porte malheur, tu devrais l'abattre avant qu'il ne t'arrive quelque chose. » L'homme écouta le conseil et abattit l'arbre.

Le voisin arriva alors avec ses deux fils et demanda à pouvoir récupérer les branches de l'arbre pour les utiliser comme bois de chauffage.

Complètement dépité, le propriétaire de l'arbre comprit que tout ce que son voisin voulait, avec son conseil, c'était le bois ! Il se dit qu'avoir abattu l'arbre ne lui apporterait pas plus de chance, à lui, mais par contre, pour son voisin, c'était tout autre chose…

Toujours se poser la question : à qui profitent les conseils donnés ?

Mots-clés

Éthique/ruse/naïveté/confiance/efficacité.

La mécanique de la vie

Un chirurgien spécialisé dans les opérations du cœur avait conduit sa voiture au garage pour la traditionnelle révision périodique. Il avait l'habitude d'aller dans ce garage, il aimait bien discuter de choses et d'autres avec le personnel. Le garagiste était d'ailleurs quelqu'un de très compétent, très intelligent, même s'il ne roulait pas sur l'or.

Ce jour-là, le garagiste avait débuté la conversation : « Bien, j'ai réfléchi sur ce que vous et moi faisons dans la vie, et sur ce que cela nous rapporte, à chacun d'entre nous. Vous êtes payé beaucoup plus que moi. »

« Oui, et vous en déduisez quoi ? » répondit le chirurgien. Il se demandait où le garagiste voulait en venir.

« Venez voir », répliqua le garagiste. Il l'emmena voir un gros moteur très complexe sur lequel il était en train de travailler. « Je vérifie que tout fonctionne bien. J'ouvre. Je coupe et reconnecte des câbles… Et à la fin, le moteur est comme neuf. Finalement, nous faisons le même travail. Mais vous êtes payé dix fois plus que moi. Comment l'expliquez-vous ? »

Et là, le médecin répondit tout simplement : « Essayez donc de réparer un moteur alors qu'il est en train de fonctionner… »

Mots-clés

Maîtrise/perspective/équilibre/expertise/risques/compétence.

L'effet d'attention des histoires de famille

« Il n'y a pas de plus grand fardeau
que celui de devoir transporter une histoire non racontée. »

MAYA ANGELOU, POÉTESSE,
FIGURE DU MOUVEMENT AMÉRICAIN POUR LES DROITS CIVIQUES

On ne parle pas des histoires de famille personnelles. Elles n'ont pas leur place dans l'entreprise. Les histoires qui se passent dans une sphère familiale ont, par contre, un pouvoir particulier : l'auditoire éprouve une grande sympathie pour leurs personnages.

Le prix du sang

C'est une petite fille. Elle doit être opérée en urgence et a besoin de sang. Il lui faut du sang du groupe O. C'est l'un des groupes sanguins les plus courants, mais là, l'hôpital n'en a pas. Par chance, son frère jumeau est également du groupe O. Le médecin lui explique que c'est une question de vie ou de mort. Le garçon reste silencieux un petit moment, puis accepte, et suit le médecin après avoir dit au revoir à ses parents.

Après le prélèvement de sang, le jeune garçon se tourne vers le médecin et lui dit : « Bon, maintenant, quand est-ce que je vais mourir ? »

Il avait cru comprendre qu'il devait donner sa vie, se sacrifier pour que sa sœur soit sauvée !

Les plus beaux sacrifices sont ceux qui reposent sur des malentendus, car ils sont réellement sincères et sans arrière-pensées.

Mots-clés

Esprit d'équipe/altruisme/engagement/collaboration.

Un éternel recommencement

J'ai entendu cette histoire, vraie, d'un vieil homme atteint de la maladie d'Alzheimer. Très atteint : il ne peut même plus reconnaître sa femme. Au début, cela lui a causé, à elle, beaucoup de chagrin, mais maintenant, elle s'y est fait. En réalité, elle a pris l'habitude de jouer à un petit jeu avec son mari qui n'a plus toute sa tête : chaque jour, elle essaie de faire en sorte qu'il la redemande en mariage avant l'heure du dîner… Jusqu'à présent, elle a toujours réussi.

Ce qu'on peut retenir de tout cela, c'est que les conditions dans lesquelles nous vivons, dans l'entreprise, sur nos marchés, sont changeantes. Elles peuvent se dégrader fortement au point de nous désorienter complète-ment. Cela ne veut pourtant pas dire que nous avons perdu tout ce qui a fait notre succès passé ; et nous pouvons retrouver les vertus et l'impact de ces qualités, en contournant les obstacles.

Mots-clés

Inventivité/connexion/souplesse/résilience.

© Groupe Eyrolles

Retenir les leçons des bourdes

*« Le storytelling révèle le sens
sans commettre l'erreur de le définir. »*

Hannah Arendt, philosophe

Les bourdes, les ruses… Il y a toujours, dans ces histoires, un dindon de la farce. C'est un point d'ancrage de choix pour un message : car chacun des auditeurs de l'histoire se positionne en opposition à ce malheureux dindon !

Un mobile un peu trop… mobile

Plusieurs hommes, un groupe d'amis en fait, se trouvent dans le vestiaire de leur club de golf.

Avant ou après avoir joué, peu importe : là, en tout cas, un téléphone portable se met à sonner.

« Oui, je peux parler, dit celui qui décroche à son interlocuteur. Tu es en train de faire du shopping ? Génial ! »

Les autres hommes se regardent en souriant.

« Tu veux commander ces nouveaux tapis que tu as vus ? D'accord. Et ils ajoutent les rideaux pour 5 000 euros de plus seulement ? Oui, pourquoi pas. Fais comme tu veux. »

Encore plus de sourires dans le groupe d'amis…

« Tu veux réserver une semaine de vacances à Djerba ? Ils maintiennent le prix à 4 000 euros ? Ça a l'air d'être une bonne affaire. Tu préférerais deux semaines ? Si c'est ce que tu veux, c'est OK pour moi, ma chérie. »

Les sourires font maintenant place à des regards envieux.

© Groupe Eyrolles

« Et tu voudrais signer le devis pour construire la dépendance de la maison ? 75 000 euros si nous disons "oui" aujourd'hui ? Oui, c'est un bon prix. »

Cette fois, les amis sont complètement abasourdis.

« Parfait, ma chérie, on se voit plus tard. Je t'embrasse », dit l'homme en raccrochant.

Et le voilà qui se tourne vers ses amis en disant : « Auquel d'entre vous appartient ce téléphone ? »

Celui qui a la maîtrise des malentendus possède une arme quasi fatale. Contre cela, une seule tactique : sortir ses antennes !

Mots-clés

Sécurité/contrôle/risques/illusion.

Un *mailing* aux effets inattendus

Une opération de *mailing*, c'est délicat. Une petite erreur peut coûter très cher. C'est pour cela que cette entreprise a fait appel à un consultant, spécialisé dans ce genre d'action. Il s'agissait d'un *mailing* postal, destiné à des entreprises innovantes dans le secteur de l'informatique. Le consultant avait dressé le fichier d'adresses sur un tableur Excel™ et conçu une lettre de prospection. Du grand classique. Ensuite, charge au client de réaliser les étapes suivantes : impression des étiquettes d'adresses, mise sous pli et expédition. Ce qui sera fait.

Le consultant découvrira quelques semaines plus tard qu'un jeune employé a manipulé le fichier avant que les étiquettes ne soient imprimées. Croyant bien faire, il a modifié l'ordre des entreprises ciblées. Mais il a modifié uniquement l'ordre de la colonne

des noms des entreprises, et pas les autres colonnes ! Résultat :
chaque lettre du *mailing* a été libellée au nom d'une entreprise,
mais envoyée à l'adresse d'une autre entreprise !

Une vraie catastrophe !

Non.

À sa grande surprise, le consultant découvrit que le *mailing* avait
produit des résultats très largement supérieurs à la norme ! La
tentation de lire un courrier adressé à un concurrent avait fait
son effet…

Ce qu'on appelle des erreurs n'est souvent que de la disruption.

Mots-clés

Contrôle/disruption/curiosité/créativité/différenciation/efficacité/
originalité.

Les livraisons de la brasserie

Une brasserie artisanale très ancienne avait installé une toute
nouvelle ligne d'embouteillage. Elle devait lui permettre de gagner
de nouvelles parts de marché et de nouveaux marchés tout court.
Et cela a d'ailleurs bien fonctionné. Succès au rendez-vous !

L'entreprise décida d'organiser une réception pour fêter ce succès,
en présence de tous les managers et en ayant même pensé à inviter
quelques glorieux anciens de la maison.

C'est là que le responsable des expéditions actuel de la brasserie
retrouva ses deux prédécesseurs : à eux trois, ils représentaient
trois générations de responsables des expéditions, sur près de
soixante ans.

Le responsable actuel avoua à ses deux interlocuteurs qu'il était très heureux de ce succès commercial, mais que son travail devenait de plus en plus difficile, au point de frôler la rupture. Ce qui était le plus difficilement tenable, c'était cette norme de l'entreprise, imposant que les livraisons longues distances soient effectuées les lundis et les mardis, les livraisons courte distance le vendredi, et les distances moyennes les autres jours de la semaine.

« C'était déjà le cas de mon temps », lui dit l'homme dont il avait pris la succession. « Cela m'a toujours semblé étrange… Les camions qui arrivent tôt les lundis et les mardis matin pourraient être utilisés pour de petites livraisons locales… Eh bien non : puisque ces livraisons sont effectuées le vendredi ! »

Le troisième homme, le plus ancien dans ces fonctions de responsable des expéditions, réfléchit un moment. Et il finit par dire : « Je crois que je sais. C'étaient les chevaux… Oui, pendant la Seconde Guerre mondiale, l'essence était rationnée et donc, nous utilisions des charrettes tirées par des chevaux pour les livraisons. Les lundis et mardis, les chevaux étaient en forme après un week-end de repos, et donc prêts à parcourir de grandes distances. Le vendredi, par contre, les chevaux étaient fatigués… »

Cela ne va pas vous étonner si je vous dis que la politique de distribution de la brasserie a été modifiée de fond en comble.

Et nous, ne faisons-nous pas certaines choses par habitude, sans toujours nous poser de questions sur le bien-fondé de ces pratiques, sans nous demander si elles sont toujours pertinentes ?

Mots-clés

Disruption/conformisme/efficacité/culture.

Manier la force de l'humour

« Sans masques, nous ne pourrions pas exprimer notre vraie personnalité. »

JIM CARREY, ACTEUR – *THE MASK*

Les vertus des histoires drôles sont légendaires… À condition de ne pas en abuser en entreprise ! Pour fonctionner, l'humour en entreprise devra être contextualisé, au point de rencontre exact de l'humour du narrateur et de l'auditoire.

Voie sans issue

Imaginez-vous un homme qui va pour la première fois de sa vie à l'hôtel. Vraiment, il n'a jamais mis les pieds dans ce genre d'établissement.

Il va dans sa chambre et, cinq minutes plus tard, il appelle la réception au téléphone.

Et il dit au réceptionniste : « Vous m'avez donné une chambre sans porte de sortie ! Comment pourrais-je sortir ? »

Évidemment, le réceptionniste lui répond : « Mais c'est absurde ! »

« Mais si ! » insiste encore l'homme.

Et que croyez-vous qu'il ajoutât ensuite ?

Ceci : « Il y a une porte qui mène à la salle de bains, une autre qui mène aux toilettes et une troisième que je n'ai pas essayé d'ouvrir… à cause de la pancarte "Ne pas déranger" qu'il y a, suspendue à la poignée ! »

On peut en rire. Difficile de ne pas en rire, d'ailleurs.

Mais le fait est que, dans nos activités quotidiennes au sein de l'entreprise, nous nous mettons régulièrement des barrières physiques ou dans nos têtes, qui nous empêchent d'aller directement, rapidement vers des solutions évidentes. Et tout cela nous fait perdre du temps à chercher midi à quatorze heures…

Mots-clés

Simplicité/efficacité/clairvoyance/observation/accessibilité.

Adam et Ève

Adam et Ève, vous connaissez ? Le paradis, la pomme, le serpent, etc. Et ensuite, tous les deux sont envoyés sur Terre…

Eh bien justement, sur Terre, un jour, Adam se précipite sur quelqu'un, qu'il aperçoit dans la rue.

« Ève ! s'écrie-t-il. Je ne t'ai pas vue depuis des années. Comme tu as changé ! Ta coupe de cheveux… Ta façon de marcher… De t'habiller… »

La femme lui répond : « Je ne m'appelle pas Ève. Je suis Sarah ! »

« Tu vois : tu as même changé ton nom ! » réplique alors Adam.

Un interlocuteur de mauvaise foi le restera jusqu'au bout, sans peur du ridicule.

Mots-clés

Changement/adaptation.

© Groupe Eyrolles

La blonde et le professeur

C'est une blonde et un professeur d'université qui sont assis l'un à côté de l'autre dans un avion, un vol long-courrier.

Le professeur, qui s'ennuie, propose un petit jeu à la blonde. « Si on jouait aux devinettes ? Si je réponds juste, vous me donnez 5 euros, et si vous répondez juste, je vous donne 5 euros. » Avec la réputation d'« ingénues » des blondes, il se dit que c'est du tout-cuit !

La blonde refuse, elle veut se reposer.

Le professeur insiste : « Bon, alors vous me posez une question et si je ne connais pas la réponse, je vous donne 50 euros, et si c'est vous qui ne connaissez pas la réponse, vous me donnez 5 euros. D'accord ? »

Dans ces conditions, la blonde est maintenant d'accord.

C'est elle qui commence : « Qu'est-ce qui a 6 pattes et est vert le matin, a 3 pattes dans l'après-midi et devient jaune, et a 1 patte le soir tout en devenant rouge ? Réveillez-moi quand vous aurez trouvé. »

Au bout de quelques heures, le professeur réveille la blonde : « Je n'ai pas trouvé », et il lui donne ses 50 euros.

Il lui demande aussitôt, complètement dépité : « Alors, qu'est-ce que c'était ? »

La blonde ne répond pas et lui tend 5 euros…

Je m'appelle Blonde, James Blonde. Que ce soit en interne, dans l'entreprise, ou dans les relations avec les interlocuteurs externes, nous avons tendance à sous-estimer certaines personnes. Et pourtant, à la fin, ce sont elles qui remportent la mise. À moins que ce ne soit nous qui la perdions…

Mots-clés

Préjugés/challenge/tolérance/respect/évaluation/équité.

© Groupe Eyrolles

Tir au parapluie

C'est un homme qui part à la chasse.

Mais il est très distrait. Alors, en croyant prendre son fusil, il emmène en réalité son parapluie, sans s'en rendre compte !

Arrivé sur le lieu de la chasse, il sort son parapluie du coffre – il ne s'est toujours pas rendu compte de son erreur ! –, le met en bandoulière et part chasser.

Après environ une heure, il aperçoit un énorme sanglier.

Il épaule son parapluie, croyant toujours que c'est un fusil, et il tire. Le sanglier s'écroule, raide mort.

Que s'est-il passé ?

Il est impossible qu'il l'ait tué… C'est forcément quelqu'un d'autre qui a tiré !

Ce n'est pas bien différent en entreprise. Nous attribuons souvent, avec trop de facilité, des succès à nos supposées stratégies infaillibles, à notre talent. Nous n'essayons parfois même pas d'envisager la part de hasard qui a pu déboucher sur un résultat positif.

Mots-clés

Apparences/humilité/lucidité/illusion.

Tout le monde a raison

Un homme réputé sage est appelé par les habitants de son village pour trancher un conflit qui divise carrément en deux toute la localité.

Il écoute le premier des deux groupes et lui dit : « Vous avez raison. »

Il écoute ensuite le second groupe et lui dit : « Vous avez raison. »

Les deux groupes auraient donc raison ? !

C'est alors que la femme de ce drôle d'homme sage lui glisse à l'oreille : « Mais enfin, ils ne peuvent pas avoir raison tous les deux. »

Et là, l'homme sage répond à sa femme : « Toi aussi, tu as raison ! »

Renvoyer les protagonistes dos à dos, c'est comme décréter un « 0-0, balle au centre ! », équivalent du « reset » en informatique : on donne une nouvelle chance à la résolution d'une situation mal embarquée.

Mots-clés

Empathie/leadership/chaos.

Le perroquet qui parlait (ou non)

C'est une histoire drôle. Enfin, c'est de l'humour noir, parce qu'il y a un mort à la fin.

Ça commence comme ça : un homme entre dans une animalerie et demande à acheter un perroquet qui parle.

L'employé lui conseille un jeune perroquet prometteur. Il ne sait pas encore parler, mais…

Et l'employé passe les heures qui suivent à enseigner à son acheteur comment apprendre à parler à ce perroquet plein de talent.

Une semaine plus tard, l'homme revient au magasin en se plaignant : « Le perroquet que vous m'avez vendu ne parle pas. » Bien entendu, le vendeur lui demande s'il a bien suivi toutes ses instructions. L'homme répond que « oui ».

L'employé lui vend alors un petit miroir à placer dans la cage du perroquet : quand il verra son image dans le miroir, il se sentira moins seul et parlera, c'est certain.

Trois jours plus tard, l'acheteur surgit de nouveau dans le magasin, toujours en se plaignant : « Je vais demander à être remboursé, cet oiseau ne parlera jamais ! »

Le vendeur lui offre alors un petit jouet, pour que le perroquet puisse s'amuser un peu…

Une semaine plus tard, l'homme entre, furieux, dans le magasin en disant : « Le perroquet que vous m'avez vendu est mort ! Remboursez-moi. »

Le vendeur est désolé, il ne comprend pas ce qui a bien pu se passer. Il demande tout de même : « Mais, il n'a même jamais essayé de prononcer un mot ? »

« Si, il a dit un mot, un seul, juste avant de tomber raide mort : quelque chose comme "nou-rri-tu-re". »

Il faut se fixer des objectifs et tout faire pour les atteindre. Mais parfois, on est tellement focalisé sur ses objectifs qu'on en perd de vue les bases, des détails du quotidien, mais indispensables. Et c'est l'échec assuré.

Mots-clés

Équilibre/ambition/résultat/échec.

Talons aiguilles

Un homme arrive, perché sur des talons aiguilles, en robe blanche et avec des bas résille. Nous sommes en 1996, en Angleterre.

Que se passe-t-il exactement ?

L'homme s'appelle Richard Branson et c'est le patron de Virgin. Ce jour-là, il est devant un parterre de journalistes pour lancer une nouvelle activité : la vente de robes de mariée.

Sans complexes, ni pour se lancer dans une activité à laquelle il ne connaît rien, ni pour s'engager à fond pour réussir.

Soyons sans complexes nous aussi, pour avoir, à notre niveau et de manière adaptée à nos marchés, une audace tout aussi puissante.

Mots-clés

Audace/engagement/action/originalité.

Conclusion

Quand on raconte des histoires, l'oral est le mode d'expression qui semble le plus naturel. Les histoires de ce livre seront effectivement très efficaces en étant racontées devant un auditoire dans une salle de réunion, au cours d'une grand-messe, dans un atelier d'usine ou à côté de la machine à café !

Sans formalités particulières : on l'a bien compris, le storytelling ne réclame pas de mise en scène spécifique ; pas de paillettes, pas d'effets de manche. Il demande juste de l'authenticité.

Et c'est bien, rappelons-le, ce critère d'authenticité qui doit guider le choix d'une histoire à raconter, d'autant plus quand il s'agit d'une histoire empruntée à autrui, comme dans ce livre…

Une des plus grandes qualités du storytelling est aussi d'avoir cette capacité rare de se fondre dans tous les médias. La plupart de ces histoires ont, par exemple, largement leur place dans n'importe quel éditorial de journal interne. Ou dans une vidéo…

Il y a plus et mieux encore.

Les histoires sont donc tout à fait adaptées aux nouveaux modes d'expression des managers : les médias sociaux. Leur caractère « non fini », avec cette perche tendue à l'auditoire pour poursuivre l'histoire, rend le storytelling naturellement propice aux conversations. Et qu'est-ce que les médias sociaux, sinon des usines à conversations ?

C'est le défi des managers que de savoir les utiliser, pas dans un ou deux ans, mais là, maintenant.

© Groupe Eyrolles

La preuve par une histoire.

Au mois de mai 2013, le célèbre businessman américain Warren Buffett ironisait, juste après avoir envoyé son tout premier *tweet* (sur Twitter, réseau social de microblogging). Twitter existait alors quand même déjà depuis bien 7 ans ! Deux mois et un seul *tweet* supplémentaire plus tard, Warren Buffett avait gagné un auditoire de plus de 500 000 suiveurs de son compte Twitter…

La plupart des utilisateurs professionnels des médias sociaux les utilisent pour se raconter personnellement. Mais à se limiter à cet objectif, on manque des opportunités d'enrichir sa présence numérique et de lui donner du corps, d'en faire un récit plus ample. Les histoires de ce livre pourront tout à fait remplir ce rôle.

Par rapport à une utilisation orale, la matière de base sera la même – les histoires du livre –, mais leur emploi sera différent.

Le lien vers l'histoire pourra être publié sur Twitter (avec publication de messages de 140 caractères maximum) avec un commentaire ; une image (photo, tableau de peinture…) que l'histoire aura éveillée trouvera idéalement sa place sur Pinterest ou Instagram (services de partage d'images) ; l'histoire dans sa totalité sera divulguée sous forme de statut sur Facebook ; la présentation dans laquelle l'histoire aura été utilisée pourra, elle, être publiée sur Slideshare (partage de présentations de type PowerPoint)… Tout un travail de contraction-transformation de l'histoire devra donc être opéré.

Il ne s'agit toutefois pas pour le manager d'occuper le terrain : l'intérêt de décliner une histoire sur tous les médias sociaux imaginables est nul.

Le manager a besoin de mettre au point une stratégie narrative sur les médias sociaux, destinée à toutes sortes de publics, y compris internes.

© Groupe Eyrolles

Nous ne sommes pas en retard en la matière : les deux tiers des dirigeants d'entreprise américains n'ont, pour l'heure, aucune présence sur les médias sociaux. Eux qui sont si souvent à l'avant-garde…

Cela ne doit pas inciter les managers à se mettre dans une position d'attente, mais à se lancer dès maintenant dans une stratégie narrative sur les médias sociaux, pour être à la pointe de l'efficacité de la communication.

Première étape de la stratégie : définir la ligne narrative de l'histoire que va raconter, globalement, la présence du manager sur les médias sociaux. Objectif, message, problématiques, personnages, intrigue (ce qui va se passer). Cette ligne narrative restera invisible pour l'auditoire. Le niveau visible sera matérialisé par les intentions, les différents objectifs de communication du manager, découlant de la ligne narrative. Et à ces objectifs devront correspondre des outils (des médias sociaux – Facebook…) et des actions, c'est-à-dire des utilisations de ces médias pour raconter des histoires. Ces outils et ces histoires pourront être connectés entre eux, pour un effet démultiplié. Et en connectant les histoires qu'il raconte sur les médias sociaux entre elles, le manager pourra viser encore plus haut : vers le transmédia. *Nec plus ultra* du storytelling, le transmédia consiste à ne plus se contenter d'un média pour raconter une histoire, mais à utiliser tous ceux qui seront pertinents, en éclatant le récit en autant de médias que voulu, en mini-histoires autonomes et complémentaires à la fois.

La feuille de route est tracée. Il faut :

- utiliser les histoires de ce livre dans le contexte approprié, de manière isolée, en enchaînement, en combinaison avec des histoires personnelles, des éléments factuels ;
- à l'oral, faire appel à tous les vecteurs permettant de raconter l'histoire (verbaux et non verbaux, utilisation des cinq sens…) ;

- « augmenter » l'impact de son storytelling en investissant les médias sociaux, voire le transmédia, pour explorer toutes les possibilités de la communication managériale.

Table des histoires citées

© Groupe Eyrolles

Index des mots-clés

© Groupe Eyrolles

© Groupe Eyrolles

Index des noms propres, des marques et des entreprises

© Groupe Eyrolles

Composé par Sandrine Escobar

N° d'éditeur : 4822
Dépôt légal : janvier 2014
Imprimé en Allemagne par BoD

www.ingramcontent.com/pod-product-compliance
Lightning Source LLC
LaVergne TN
LVHW051219060726
842526LV00013B/2817